ESPAÑOL 2000

2000

NIVEL ELEMENTAL

ESPAÑOL 2000

NIVEL ELEMENTAL

Nieves García Fernández
Jesús Sánchez Lobato

SOCIEDAD GENERAL
ESPAÑOLA DE LIBRERÍA, S.A.

Avda. de Valdelaparra, 29
ALCOBENDAS (Madrid)

Primera edición, 1981
Segunda edición, 1982
Tercera edición ampliada, 1983
Cuarta edición, 1985
Quinta edición, 1986
Sexta edición, 1987 (corregida)
Séptima edición, 1988 (febrero)
Octava edición, 1988 (octubre)
Novena edición, 1989 (enero)
Décima edición, 1989 (septiembre)
Undécima edición, 1990
Duodécima edición, 1991 (Edición renovada)
Decimotercera edición, 1993 (febrero)
Decimocuarta edición, 1993 (noviembre)
Decimoquinta edición, 1994

Produce
SGEL Educación
Marqués de Valdeiglesias, 5-1º - 28004 MADRID

© Jesús Sánchez Lobato y Nieves García Fernández, 1981
© Sociedad General Española de Librería. Madrid. 1991

Ilustraciones: Rosa Olea
Maqueta: SEAMER, S.A.
Cubierta: Erika Hernández

ISBN. 84-7143 - 446 - 6
Depósito Legal: M.-5187- 1994
Impreso en España - Printed in Spain

Compone: SEAMER, S.A.
Imprime: PEÑALARA, S.A.
Encuaderna: ARANCHAMAGO, S.A.

CONTENIDO DEL MÉTODO

Español 2000: Nivel Elemental Alumno
Español 2000: Nivel Elemental Cassettes
Español 2000: Nivel Elemental Cuaderno
Español 2000: Nivel Elemental Cuaderno Cassettes
Español 2000: Nivel Medio Alumno
Español 2000: Nivel Medio Cassettes
Español 2000: Nivel Medio Cuaderno
Español 2000: Nivel Medio Cuaderno Cassettes
Español 2000: Nivel Superior Alumno

Presentación

El "Español 2000", tras un largo periplo de experimentación, se presenta al estudiante de español con renovada ilusión y los interiores mejor ajustados para su fin primordial: proporcionar los mecanismos necesarios para acceder a la lengua española y, por ende, a su cultura.

El "Español 2000" está estructurado en los tres niveles ya convencionales. Elemental, Medio y Superior. Creemos, pese a su convencionalismo, que tal distribución cumple una extraordinaria función didáctica y pedagógica: cada uno de los niveles está programado de tal modo que, por sí mismos, cumplen las exigencias de programación del año escolar de cualquier institución dedicada al quehacer de la enseñanaza del español como lengua segunda.

El "Español 2000" pretende ser un método ágil, en el que lo situacional y los mecanismos de la lengua corran paralelos, pero perfectamente graduados según los niveles que lo componen. En cada uno de ellos subyace como punto de partida lo normativo, pero tendiendo siempre a incrustarse en lo más vivo y expresivo de la lengua.

El "Español 2000" es consciente de la abnegada labor del profesor, dedicado a la enseñanza de lenguas, y del papel primordial que este método le confiere.

A él, en particular, y a sus alumnos, en general, va dedicado este método.

El "Español 2000" quisiera, por último, servir de vehículo, por mínimo que fuera, a un mejor conocimiento de la lengua y cultura españolas.

LOS AUTORES

NUEVA EDICIÓN ACTUALIZADA

Han pasado ya diez años desde que este método de español viera la luz por vez primera. A lo largo de estos años, **Español 2000** se ha enriquecido con las aportaciones que nos han hecho llegar tanto profesores como alumnos.

La extraordinaria aceptación que este método sigue teniendo entre profesores y alumnos es motivo de satisfacción para los autores y para el editor, que comprueban día a día que el principio que lo inspiró sigue siendo ahora tan válido como entonces.

Esta convicción es la que nos ha llevado a preparar esta edición, totalmente renovada y actualizada. Aunque se mantiene la misma estructura del método y básicamente los mismos contenidos, se han revisado múltiples aspectos, y se ha mejorado sustancialmente el diseño, las ilustraciones y los documentos que acompañan al texto.

Nuestro interés y nuestra esperanza es que **Español 2000** siga siendo útil a los estudiantes que desean acercarse a conocer la lengua y cultura españolas.

Contenido

8

enfermera = nurse
encantada = delighted, charmed
también = also, too

Lección

1

¿Quién eres?

Petra: ¡Hola! Buenos días.
Jean: Buenos días.
Petra: ¿Quién eres?
Jean: Soy Jean, ¿Y tú?
Petra: Soy Petra.
Jean: Y ella, ¿quién es?
Petra: Es Ángela. Es mi amiga.
Jean: ¿Qué eres?
Petra: Soy estudiante de español. ¿Y tú?
Jean: Soy médico y también estudiante de español. Y ella, ¿qué es?
Petra: Es enfermera y también estudiante de español. *nurse*
Jean: Bueno, mucho gusto. Adiós.
Petra: Adiós, encantada. *charmed, delighted*

Preguntas

1. ¿Qué es Petra? *Petra es enfermera y estudiante de español*
2. ¿Qué es Jean? *Jean es médico y también estudiante de español*
3. ¿Quién es ella? *Es Ángela*
4. ¿Qué es ella? *amiga de Jean*
5. ¿Quién es usted?
6. ¿Qué es usted?
7. ¿Quién eres tú?
8. ¿Qué eres tú?

azafata = air line hostess

... *Verbo SER*

(yo)	**soy**	
(tú)	**eres**	estudiante/médico/azafata
(él/ella)	**es**	
(nosotros/as)	**somos**	
(vosotros/as)	**sois**	estudiantes/médicos/azafatas
(ellos/ellas)	**son**	

Nota: Por regla general, el pronombre personal sujeto no acompaña al verbo.

Cortesía

(Usted/Ud.)	**es**	estudiante/médico/azafata
(Ustedes/Uds.)	**son**	estudiantes/médicos/azafatas

Nota: Las formas usted, ustedes, suelen acompañar al verbo.

... 1. Complete la frase

Petra es estudiante.

1. Yo _soy_ médico
2. Él _es_ piloto.
3. Nosotros _somos_ estudiantes.
4. Vosotras _sois_ azafatas.

5. Ellas _son_ secretarias.
6. Usted _es_ arquitecto.
7. Ustedes _son_ profesores.

answer

... 2. Conteste a la pregunta

¿Eres estudiante? — *Sí, soy estudiante.*

1. ¿Es usted profesor? — _Sí, soy profesor_
2. ¿Eres ingeniero? — _Sí, soy ingeniero_
3. ¿Eres piloto? — _Sí, soy piloto._
4. ¿Sois estudiantes? — _Sí, nosotros somos estudiantes_
5. ¿Son ustedes arquitectos? — _Sí, ellos son architectos_
6. ¿Es Ángel médico? — _Sí, Ángel es médico._
7. ¿Eres azafata? — _Sí, soy azafata_
8. ¿Son ellos estudiantes? — _Sí, ellos son estudiantes_
9. ¿Son ellas azafatas? — _Sí, ellas son azafatas_
10. ¿Es usted enfermera? — _Sí, soy enfermera._

Ángel es médico.

Carmen es enfermera. *nurse*

Antonio es profesor.

Pedro es arquitecto.

Luisa es azafata. *air line hostess*

Carlos es ingeniero.

José es estudiante.

Petra es secretaria.

Miguel es piloto.

Susana es peluquera. = *hair dresser*

Felipe y Manuel son abogados. *lawyers*

Pilar y Mercedes son camareras. = *waitresses*

3. Conteste a la pregunta

¿Quién es médico?/*Ángel*   – **Ángel es médico.**

1. ¿Quién es profesor/*Antonio.*   – *Antonio es profesor*
2. ¿Quién es enfermera?/*Carmen.*   – *Carmen es enfermera*
3. ¿Quién es arquitecto?/*Pedro.*   – *Pedro es arquitecto.*
4. ¿Quién es azafata?/*Luisa.*   – *Luisa es azafata*
5. ¿Quién es ingeniero?/*Carlos.*   – *Carlos es ingeniero*
6. ¿Quién es estudiante?/*José.*   – *Jose es estudiante*
7. ¿Quién es secretaria?/*Petra.*   – *Petra es secretaria*
8. ¿Quién es piloto?/*Miguel.*   – *Miguel es piloto*
9. ¿Quién es peluquera?/*Susana.*   – *Susana es peluquera*
10. ¿Quiénes son abogados?/*Felipe y Manuel.*   – *Felipe y Manuel son abogados*
11. ¿Quiénes son camareras?/*Pilar y Mercedes.*   – *Pilar y Mercedes son camareras*

4. Conteste a la pregunta

¿Qué es Ángel?/*médico*   – **Ángel es médico.**

1. ¿Qué es Carmen?/*enfermera.*   – *Carmen es enfermera.*
2. ¿Qué es Antonio?/*profesor.*   – *Antonio es profesor.*
3. ¿Qué es Petra?/*secretaria.*   – *Petra es secretaria.*
4. ¿Qué es Miguel?/*piloto.*   – *Miguel es piloto.*
5. ¿Qué es Susana?/*peluquera.*   – *Susana es peluquera.*
6. ¿Qué es Carlos?/*ingeniero.*   – *Carlos es ingeniero.*
7. ¿Qué son Felipe y Manuel?/*abogados.*   – *Felipe y Manuel son abogados*
8. ¿Qué son Pilar y Mercedes?/*camareras.*   – *Pilar y Mercedes son camareras*
9. ¿Qué es José?/*estudiante.*   – *Jose es estudiante*
10. ¿Qué es Luisa?/*azafata.*   – *Luisa es azafata*

• • • *La interrogación*

¿Es Carlos abogado?

Afirmación: *Sí*, (él) *es abogado*

Negación: **No**, (él) **no** *es abogado**

*La negación en español va siempre delante del verbo.

5. Conteste a la pregunta

¿Es Antonio abogado? — *Sí, es abogado. / - No, no es abogado.*

1. ¿Es usted estudiante?/*Sí.* — Sí, es estudiente.
2. ¿Es Petra camarera?/*No.* — No, Petra no es camarera. *waiter*
3. ¿Es Luisa peluquera?/*No.* — No, Luisa no es peluquera. *hairdresser*
4. ¿Es Carlos ingeniero?/*Sí.* — Sí, Carlos es ingeniero.
5. ¿Es Susana azafata?/*No.* — No, no es azafata. *air line hostes*
6. ¿Son Pilar y Mercedes enfermeras?/*No.* — No, no son enfermeras. *nurses*
7. ¿Son José y María estudiantes?/*Sí.* — Sí, son estudiantes
8. ¿Sois médicos?/*No.* — No, no son medicos.
9. ¿Eres arquitecto?/*Sí.* — Sí, soy architecto
10. ¿Son ustedes enfermeras?/*Sí.* — Sí, son enfermeras *nurses*

6. Conteste negativamente

¿Es usted el señor López?/*el señor Pérez.* — *No, no soy el señor López, soy el señor Pérez.*

1. ¿Eres Carlos?/*Antonio.* — No, no soy Carlos, soy Antonio
2. ¿Sois vosotras azafatas?/*camareras.* — No, nosotros no somos azafatas, somos camareras
3. ¿Son ustedes estudiantes?/*médicos.* — No, no somos estudiantes, somos medicos
4. ¿Es Carmen peluquera?/*enfermera.* — No, no es peluquera, es enfermera
5. ¿Es usted estudiante?/*profesor.* — No, no soy estudiante soy profesor
6. ¿Es él ingeniero?/*arquitecto.* — No, él no es ingeniero, él es arquitecto
7. ¿Son ellos abogados?/*estudiantes.* — No, ellos no son abogados, son estudiantes
8. ¿Eres secretaria?/*azafata.* — No, no soy secretaria, soy azafata
9. ¿Sois médicos?/*abogados.* — No, no somos medicos somos abogados
10. ¿Son ellas azafatas?/*camareras.* — No, no ellas no son azafatas, son camareras

Numerales

1. Uno	5. Cinco	9. Nueve	13. Trece	17. Diecisiete
2. Dos	6. Seis	10. Diez	14. Catorce	18. Dieciocho
3. Tres	7. Siete	11. Once	15. Quince	19. Diecinueve
4. Cuatro	8. Ocho	12. Doce	16. Dieciséis	20. Veinte

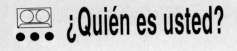

¿Quién es usted?

Petra: ¡Hola! Buenas tardes.

Antonio: Buenas tardes.

Petra: ¿Quién es usted?

Antonio: Soy Antonio Pérez García. ¿Y ustedes?

Petra: Yo soy Petra. Él es Ángel y ella es Carmen. ¿Es usted estudiante?

Antonio: No, no soy estudiante, soy profesor de español. ¿Y ustedes?

Petra: Somos estudiantes de español.

Antonio: ¡Ah! Mucho gusto.

Preguntas

1. ¿Es Antonio estudiante de español?
2. ¿Es Petra profesora?
3. ¿Quién es él?
4. ¿Quién es usted?
5. ¿Qué es Antonio?
6. ¿Qué son Ángel y Carmen?
7. ¿Quién es ella?
8. ¿Qué es usted?

OFERTAS DE EMPLEO

...RTANTE
...S DENTALES

DIRECTOR
PARA SU SUCURSAL EN ESPAÑA, SITUADA EN MADRID

Pedimos: Odontólogo, médico, biólogo o químico con formación en economía y experiencia comercial, con interés o conocimientos en el campo dental. Don de gentes.

Edad: 28-40 años.
Idiomas: Español, además de inglés o alemán. A convenir.
Sueldo: A convenir.

Para más informe y posible contacto, enviar a:

Tech-Dent AG
Gaswerkstr. 33 - CH-4900 Langenthal - Fax: CH-63 23 02 50
Curriculum vitae - Carta de solicitud - Fotografía reciente

JEFE DE VENTAS
VENDEDORES
Si eres persona seria, con ambición y quieres ganar más que otros, llámanos. Somos líderes en reformas y estamos en plena expansión.

(91) 563 94 36 - 563 94 30

PILOTOS DE COMPLEMENTO
REQUISITOS:
C.O.U. APROBADO Y TENER ENTRE 18 Y 26 años

ACADEMIA ADEA
C/ Meléndez Valdés, 14 - 28015 Madrid
Tels. 446 01 27 - 593 16 32

OFERTA DE EMPLEO PÚBLICO 1990

pruebas selectivas para cubrir

47 Arquitectos Técnicos (Aparejadores)
39 Ingenieros Técnicos de Obras Públicas
12 Ingenieros Técnicos Industriales
25 Ayudantes Técnicos Sanitarios
21 Matronas
21 Profesores de la Banda Sinfónica Municipal

Las pruebas selectivas se efectuarán de acuerdo con las bases y programas publicados en el Boletín del Ayuntamiento de Madrid y se pueden recoger en la calle Mayor, 72 o en las Juntas Municipales de Distrito.

Las solicitudes de admisión pueden presentarse hasta el día 20 de noviembre de 1990 en el Registro General, plaza de la Villa 5 o en los registros de cada una de las Juntas Municipales de Distrito.

Ayuntamiento de Madrid
Área de Régimen Interior y Personal

EMPRESA MULTINACIONAL
solicita para su sede en Madrid
SECRETARIA DE DIRECCIÓN

Requerimos:
- Bilingüe, inglés/español.
- Conocimiento de tratamiento de textos.
- Imprescindible experiencia acreditada.
- Buena presencia.

Ofrecemos:
- Incorporación inmediata.
- Trabajo en Madrid.
- Sueldo de acuerdo a la importancia del puesto a desempeñar.

Los interesados pueden dirigirse, enviando historial profesional con foto reciente, a:

ANUNCIOS MONTERA 10
C/ Montera, 10, 1º 2, 28013 Madrid

Indicando en el sobre la referencia del puesto.

EMPRESA DE IMPORTACIONES
NECESITA
TELEFONISTA RECEPCIONISTA
Exigimos: Buena presencia, inglés hablado y escrito correctamente, idioma francés a nivel conversación. Mecanografía correcta. Dispuesta a viajar dos meses al año.

Llamar lunes, día 12, de 4 a 5 tarde.
Teléfono 373 33 01.

INGENIERO TECNICO TELECOMUNICACION O INDUSTRIAL,
Rama electrónica

- Con titulación reciente • Experiencia no necesaria • Idioma francés a nivel conversación • Incorporación inmediata • Con residencia en Madrid • Emolumentos a convenir • Viajes frecuentes

Dirigirse al apartado de correos 1091 (28080 Madrid) adjuntando curriculum vitae.

¿De dónde eres? • ¿Cómo eres?

Pedro: ¡Hola! Soy Pedro.

Susana: Yo soy Susana.

Pedro: Encantado. Yo soy alemán de Munich. ¿Y tú? ¿De dónde eres?

Susana: Soy inglesa, de Londres.

Pedro: ¿Son ellos también ingleses?

Susana: No, no son ingleses. Lucía es italiana, de Roma. Jean es francés, de París. Raimond es americano, de Florida. ¿Quién es nuestro profesor?

Pedro: El señor García es nuestro profesor.

Susana: ¿Cómo es el señor García?

Pedro: Es alto, moreno y muy simpático.

Susana: ¿Es español o sudamericano?

Pedro: Es español, de Madrid.

Preguntas

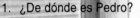

1. ¿De dónde es Pedro?
2. ¿De dónde es Susana?
3. ¿Es Lucía italiana?
4. ¿Es Jean alemán?
5. ¿De dónde es Raymond?
6. ¿Quién es el profesor?
7. ¿Qué es el señor García?
8. ¿Cómo es el señor García?
9. ¿De dónde es el señor García?
10. ¿De dónde es usted?

yo soy
tú eres
Ud, él ella es
nosotros/as somos
vosotros/as sois
Uds ellos ellas son

• *El adjetivo*

Masculino		Femenino	
Singular	Él es italiano/inglés/grande.	**Singular**	Ella es italiana/inglesa/grande.
Plural	Ellos son italianos/ingleses/grandes.	**Plural**	Ellas son italianas/inglesas/grandes.

• 1. Complete la frase

Pedro es alemán. *Lucía.*   – ***Lucía es alemana.***

1. Ellos son ingleses. *Miguel.*   – Miguel *es inglés.*
2. Juan es moreno. *ellas.*   – *Ellas son morenas.*
3. Nosotros somos españoles. *tú.*   – *Tú es español.*
4. Él es muy amable. *ustedes.*   – *Ustedes son amables.*
5. Carmen es francesa. *Jean.*   – *Jean es francesa.*
6. Madrid es grande. *París.*   – *París es grande.*
7. Él es simpático. *vosotros.*   – *Vosotros sois simpáticos.*
8. Ella es inglesa. *nosotros.*   – *Nosotros somos inglesas.*
9. Vosotros sois alemanes. *yo.*   – *Yo soy alemán.*
10. Ella es polaca. *usted.*   – *Usted es polaca*

• 2. Forme el plural/singular

Yo soy francés.   – ***Nosotros somos franceses.***

1. Tú eres italiano.   – *nosotros somos italianos.*
2. Ella es japonesa.   – *Nosotros somos japonesas.*
3. Él es alemán.   – *Nosotros somos alemanesas.*
4. Nosotros somos ingleses.   – *Yo soy ingles.*
5. Vosotros sois holandeses.   – *Yo soy holandes.*
6. Ellos son suizos.   – *Yo soy suizo.*
7. Ellas son polacas.   – *Yo soy polaco.*
8. Ustedes son americanos.   – *Yo soy american.*
9. Vosotras sois francesas.   – *Yo soy frances.*
10. Nosotras somos españolas.   – *Yo soy español.*

Adjetivos

Ángel es moreno. *brunette*
Carmen es rubia. *blond*

Antonio es gordo. *fat*
Luisa es delgada. *thin*

Pedro es alto. *tall*
María es baja. *short*

Peter es inglés.
Cristina es inglesa.

José es simpático. *pleasing*
Teresa es antipática. *disagreeable*

El güisqui es caro. *expensive, dear*
El vino es barato. *inexpensive, cheap*

El tabaco es malo. *bad*
La comida es buena. *good*

El coche es pequeño. *small*
La casa es grande. *large*

giüsguil = pear shaped fruit

3. Responda negativamente y diga el adjetivo contrario

¿Es Carmen morena?   – **No, Carmen no es morena. Es rubia.**

1. ¿Es el vino caro?   – No, el vino no es caro. Es barato.
2. ¿Es Pedro bajo?   – No, Pedro no es bajo. Es alto.
3. ¿Es Luisa gorda?   – No, Luisa no es gorda. Es delgada.
4. ¿Es Teresa simpática?   – No, Teresa no es simpática. Es antipática.
5. ¿Es la casa pequeña?   – No, la casa no es pequeña. Es grande.
6. ¿Es el coche grande?   – No, el coche no es grande. Es pequeño.
7. ¿Es Ángel rubio?   – No, Ángel no es rubio. Es moreno.
8. ¿Es bueno el tabaco?   – No, el tabaco no es bueno. Es malo.
9. ¿Es barato el güisqui?   – No, el güisqui no es barato. Es caro.
10. ¿Es mala la comida?   – No, la comida no es mal. Es buena.

4. Ponga en plural

El niño es alto.   – **Los niños son altos.**

1. El estudiante es simpático.   – Los estudiantes son simpáticos
2. La casa es grande.   – Las casas son grandeses
3. La niña es alta.   – Las niñas son altas.
4. El niño es moreno.   – Los niños son morenos
5. Mi amiga es francesa.   – Mis amigas son franceses
6. Mi amigo es japonés.   – Mis amigos son japoneses
7. El coche es caro.   – Ellos coches son caros
8. Mi hijo es bajo.   – Mis hijos son bajos
9. Mi hija es rubia.   – Mis hijas son rubias
10. El hotel es barato.   – Los hoteles son caros

Numerales

20. Veinte	27. Veintisiete	33. Treinta y tres	39. Treinta y nueve	45. Cuarenta y cinco
21. Veintiuno	28. Veintiocho	34. Treinta y cuatro	40. Cuarenta	46. Cuarenta y seis
22. Veintidós	29. Veintinueve	35. Treinta y cinco	41. Cuarenta y uno	47. Cuarenta y siete
23. Veintitrés	30. Treinta	36. Treinta y seis	42. Cuarenta y dos	48. Cuarenta y ocho
24. Veinticuatro	31. Treinta y uno	37. Treinta y siete	43. Cuarenta y tres	49. Cuarenta y nueve
25. Veinticinco	32. Treinta y dos	38. Treinta y ocho	44. Cuarenta y cuatro	50. Cincuenta
26. Veintiséis				

¿De dónde es usted?
¿De dónde eres?

Raymond es de Florida.
Es americano.

Susana es de Londres.
Es inglesa.

Paco es de Madrid.
Es español.

Lucía es de Roma. Es italiana.

Jean es de París. Es francés.

Pedro es de Munich. Es alemán.

Ellos son de Tokio.
Son japoneses.

Ellas son de Amsterdam.
Son holandesas.

Juan y Antonio son de Méjico.
Son mejicanos.

Katrin y Miguel son de Moscú.
Son rusos.

Ellos son de Pekín.
Son chinos.

María y Luisa son de Lisboa.
Son portuguesas.

5. Utilice el adjetivo

Lucía es de Italia. — *Lucía es italiana.*

1. Pedro es de Alemania. — *Pedro es alemán.*
2. Ellos son de Inglaterra. —
3. Jean es de Francia. —
4. Ellas son de Japón. —
5. Nosotros somos de Méjico. —
6. Miguel es de Suiza. —
7. Antonio es de España. —
8. Vosotros sois de Argentina. —

6. Conteste a la pregunta

¿De dónde es María?/Austria. — *María es de Austria. Es austriaca.*

1. ¿De dónde es usted?/*Noruega.* — *Soy*
2. ¿De dónde son ellos?/*América.* —
3. ¿De dónde son ellas?/*China.* —
4. ¿De dónde sois?/*Rusia.* —
5. ¿De dónde es Luis?/*Yugoslavia.* —
6. ¿De dónde son ustedes?/*Argentina.* —
7. ¿De dónde eres?/*Cuba.* —
8. ¿De dónde son Miguel y Antonio?/*Bolivia.* —

Gentilicios

APRENDA

País	Gentilicio	País	Gentilicio
Bélgica	belga	Marruecos	marroquí
Brasil	brasileño	Nicaragua	nicaragüense
Canadá	canadiense	Perú	peruano
Cuba	cubano	Polonia	polaco
Checoslovaquia	checoslovaco	Puerto Rico	puertorriqueño
Dinamarca	danés	Suecia	sueco
Ecuador	ecuatoriano	Turquía	turco
Egipto	egipcio	Venezuela	venezolano
Europa	europeo	Vietnam	vietnamita
Grecia	griego	América	americano
Hungría	húngaro	Norteamérica	norteamericano
India	Hindú	Sudamérica	sudamericano
Irak	iraquí	África	africano
Irán	iraní	Asia	asiático
Israel	israelí	Australia	australiano

21

EL MUNDO EN QUE VIVIMOS

¿Qué es ...? ¿Cómo es ...?

Antoine: ¡Oh! ¡Qué bonita es esta plaza!

Paco: Sí, es la Plaza Mayor de la ciudad.

Antoine: ¿Y qué es ese edificio?

Paco: Ese edificio es el Ayuntamiento y aquella iglesia es la Catedral.

Antoine: ¿Es muy antigua?

Paco: Sí, del siglo XII, es una iglesia románica.

Antoine: ¿Son aquellas torres también románicas?

Paco: No, son góticas, del siglo XIV.

Antoine: ¿Es este edificio el Museo Provincial?

Paco: Sí, y aquel edificio moderno es un cine.

Antoine: ¿Cómo es esta ciudad? ¿Es una ciudad rica o pobre?

Paco: Es bastante pobre, con poca industria.

Antoine: ¿Y aquella fábrica, de qué es?

Paco: Es una fábrica textil, la única de la ciudad.

Preguntas

1. ¿Cómo es esta plaza?
2. ¿Es ese edificio el Ayuntamiento?
3. ¿Es la Catedral de la ciudad antigua o moderna?
4. ¿De qué siglo es la Catedral?
5. ¿Son aquellas torres románicas o góticas?

6. ¿Es aquel edificio moderno un cine o un museo?
7. ¿Cómo es esta ciudad?
8. ¿De qué es aquella fábrica?
9. ¿Es aquella fábrica textil la única de la ciudad?
10. ¿Cómo es su ciudad?

Los artículos determinados e indeterminados

		Singular		Plural		Contracciones		
Masculino	Determinado	**el**	museo coche médico	**los**	museos coches médicos	a + el ⟶ **al** de + el ⟶ **del**		
	Indeterminado	**un**	estudiante profesor	**unos**	estudiantes profesores	*Yo voy al cine* *El libro es del profesor*		
Femenino	Determinado	**la**	iglesia clase profesora	**las**	iglesias clases profesoras	**Excepciones** el *problema*, el *esquema*		
	Indeterminado	**una**	estudiante ciudad	**unas**	estudiantes ciudades	el *turista*, el *tema* **la** *radio*, **la** *fotografía*		

Nota: Las palabras del género femenino, en singular, que empiezan por **a** tónica se construyen con la forma **el**: *el alma, **el** hacha, **el** agua.*

1. Ponga el artículo

coche – *el coche / un coche*

1.	cafetería	–	6.	cine	– ....
2.	teléfono	–	7.	iglesia	– ....
3.	libro	–	8.	café	– ....
4.	casa	–	9.	clase	– ....
5.	edificio	–	10.	torre	– ....

el museo/un museo   – *los museos/unos museos*

1. la enfermera   – ....
2. el estudiante   – ....
3. la señora   – ....
4. el señor   – ....
5. la ciudad   – ....

6. la fábrica   – ....
7. el bar   – ....
8. la torre   – ....
9. el edificio   – ....
10. la plaza   – ....

● *Plural de los nombres: s, es*

Singular	Plural
1. Palabras que terminan en **vocal** no acentuada: *el pueblo, la casa, el coche, la calle*	⟶ **+s** *los pueblos, las casas, los coches, las calles*
Palabras que terminan en **-é, -ó**, acentuadas: *café, dominó*	⟶ **+s** *cafés, dominós*
2. Palabras que terminan en **consonante:** *el profesor, el autobús, la habitación*	⟶ **+es** *los profesores, los autobuses, las habitaciones*
Palabras que terminan en **vocal** acentuada: *marroquí, bambú*	⟶ **+es** *marroquíes, bambúes*
3. Palabras paroxítonas que terminan en **s**: *el lunes, la crisis*	⟶ No varían *los lunes, las crisis*
Palabras proparoxítonas que terminan en **s**: *el éxtasis, el miércoles*	⟶ No varían *los éxtasis, los miércoles*

● **3. Forme el plural**

El autobús es lento. – *Los autobuses son lentos.*

1. La iglesia es románica.   – ....
2. La habitación es grande.   – ....
3. El estudiante es simpático.   – ....
4. El tabaco es malo.   – ....
5. El señor es alto.   – ....

6. La ciudad es grande.   – ....
7. El hotel es barato.   – ....
8. La cafetería es cara.   – ....
9. El bar es pequeño.   – ....
10. El coche es rápido.   – ....

4. Forme el singular

Los hoteles son caros.   – *El hotel es caro.*

1. Los estudiantes son ingleses. – ....
2. Las pensiones son baratas. – ....
3. Las torres son románicas. – ....
4. Los edificios son modernos. – ....
5. Las habitaciones son pequeñas. – ....
6. Los señores son alemanes. – ....
7. Las ciudades son grandes. – ....
8. Los turistas son simpáticos. – ....
9. Los profesores son españoles. – ....
10. Los cines son baratos. – ....

Los adjetivos demostrativos   Adverbios de lugar

	Singular	Plural	
Masculino	**Este** libro	**Estos** libros	**aquí**
Femenino	**Esta** casa	**Estas** casas	
Masculino	**Ese** libro	**Esos** libros	**ahí**
Femenino	**Esa** casa	**Esas** casas	
Masculino	**Aquel** libro	**Aquellos** libros	**allí**
Femenino	**Aquella** casa	**Aquellas** casas	

5. Utilice el adjetivo demostrativo

...... libro es interesante.   – *Este/Ese/Aquel libro es interesante.*

1. .... iglesia es románica. – ....
2. .... familia es simpática. – ....
3. .... estudiantes son franceses. – ....
4. .... edificio es moderno. – ....
5. .... torres son góticas. – ....
6. .... señores son turistas. – ....
7. .... plaza es la Plaza Mayor. – ....
8. .... señor es ingeniero. – ....
9. .... ciudad es rica. – ....
10. .... fábrica es grande. – ....

Adjetivos demostrativos

Esta plaza es la Plaza Mayor.

Ese edificio es el Ayuntamiento.

Aquellas torres son góticas.

Estos señores son ingleses.

Esas señoritas son secretarias.

Aquellos turistas son americanos.

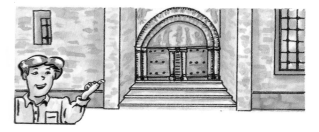

Esta iglesia es románica.

Ese hotel es muy caro.

Aquella fábrica es muy grande.

Aquel señor es el profesor.

6. Conteste a la pregunta

¿Cómo es este cine?/*moderno.* — *Este cine es moderno.*

1. ¿Cómo es este hotel?/*caro.* — ....
2. ¿Qué es ese edificio?/*el Ayuntamiento.* — ....
3. ¿Cómo es aquella fábrica?/*grande.* — ....
4. ¿Quién es aquel señor?/*el profesor.* — ....
5. ¿De dónde son estos señores?/*Inglaterra.* — ....
6. ¿Qué es esta plaza?/*la Plaza Mayor.* — ....
7. ¿Quién es esa señorita?/*mi secretaria.* — ....
8. ¿De qué siglo es esa iglesia?/*siglo XII.* — ....
9. ¿De dónde son aquellos turistas?/*Alemania.* — ....
10. ¿Cómo son aquellas torres?/*góticas.* — ....

Los pronombres demostrativos

Esto	*¿Qué es esto?*	***Esto** es un museo.*
Eso	*¿Qué es eso?*	***Eso** es el Ayuntamiento.*
Aquello	*¿Qué es aquello?*	***Aquello** es una fábrica.*

Partículas interrogativas

¿quién? ¿quiénes?	*¿**Quién** es este señor? Es el director.* *¿**Quiénes** son aquellos señores? Son turistas.*
¿qué?	*¿**Qué** es usted? Soy estudiante.* *¿**Qué** son esos señores? Son médicos.* *¿**Qué** es esto? Es un museo.*
¿de dónde?	*¿**De dónde** eres? Soy de Inglaterra.*
¿cómo?	*¿**Cómo** es el profesor? Es moreno y alto.* *¿**Cómo** es esta ciudad? Es grande.*

7. Formule la pregunta con la partícula interrogativa adecuada

Aquel señor es el *alcalde* .
  – *¿Quién es aquel señor?*
  – *¿Qué es aquel señor?*

1. Esta niña es muy *simpática*.
  – ....
  – ....

2. Esos turistas son *alemanes*.
  – ....
  – ....

3. Aquellas torres son *góticas*.
  – ....
  – ....

4. Ese edificio es un *museo*.
  – ....
  – ....

5. Aquellos señores son *ingenieros*.
  – ....
  – ....

6. Eso es una *fábrica textil*.
  – ....
  – ....

7. Ese libro es *interesante*.
  – ....
  – ....

8. Esa señora es la *profesora*.
  – ....
  – ....

9. Aquel edificio es *muy moderno*.
  – ....
  – ....

10. Esto es el *Ayuntamiento*.
  – ....
  – ....

• *Numerales*

50. Cincuenta	53. Cincuenta y tres	56. Cincuenta y seis	59. Cincuenta y nueve
51. Cincuenta y uno	54. Cincuenta y cuatro	57. Cincuenta y siete	60. Sesenta
52. Cincuenta y dos	55. Cincuenta y cinco	58. Cincuenta y ocho	

Esto, Eso, Aquello ● ● ● ● ●

¿Qué es esto?
Esto es la estación.

¿Qué es eso?
Eso es el Ayuntamiento.

¿Qué es aquello?
Aquello es un museo.

¿Qué es ....?
.... una fábrica.

¿Qué es ....?
.... una iglesia.

¿Qué es ....?
.... una oficina.

¿Qué es ....?
.... un banco.

¿Qué es ....?
.... un teatro.

¿Qué es. ....?
.... una discoteca.

LA CIUDAD

Lección 4

¿Cómo estás? • ¿Dónde estás?

Pedro: ¡Buenos días, Susana! ¿Cómo estás?

Susana: Bien, ¿y tú?

Pedro: Bien, gracias. ¿No está tu hermano José en casa?

Susana: Sí, pero está en la cama.

Pedro: ¿Está enfermo?

Susana: Sí, está resfriado.

Pedro: ¿Dónde está su habitación?

Susana: Al final del pasillo. A la derecha.

Pedro: ¿Cómo estás, José?

José: Estoy resfriado, pero hoy estoy mejor.

Pedro: Tu habitación es muy agradable.

José: Sí, pero ahora está bastante desordenada. ¡Buf! ¡Qué calor hace aquí!

Pedro: ¡Claro! La ventana está cerrada... ¿Estás cómodo ahora?

José: Sí, ahora estoy muy bien.

Preguntas

1. ¿Está José en casa?
2. ¿Dónde está José?
3. ¿Está José enfermo?
4. ¿Dónde está la habitación de José?
5. ¿Cómo es la habitación de José?
6. ¿Cómo está ahora la habitación de José?
7. ¿Está José hoy mejor?
8. ¿Hace calor en la habitación de José?
9. ¿Está la ventana abierta o cerrada?
10. ¿Está ahora cómodo José?

•• *el verbo ESTAR*

(yo)	**estoy**		
(tú)	**estás**	*enfermo/a*	*resfriado/a*
(él, ella, usted)	**está**		
(nosotros/as)	**estamos**		
(vosotros/as)	**estáis**	*enfermos/as*	*resfriados/as*
(ellos, ustedes)	**están**		

1. Ponga en plural

El niño está enfermo. — *Los niños están enfermos.*

1. Tú estás cansado. — *Vosotros* ....
2. La ventana está cerrada. — ....
3. Él está en el cine. — ....
4. Yo estoy resfriado. — ....
5. El banco está todavía abierto. — ....
6. La habitación está a la derecha. — ....
7. Tú estás enferma. — ....
8. Ella está todavía en la cama. — ....
9. Usted está cansada. — ....
10. Yo estoy hoy en casa. — ....

2. Conteste a la pregunta

¿Cómo está José?/*enfermo*. — *(José) está enfermo.*
¿Cómo estáis?/*enfermos*. — *Estamos enfermos.*

1. ¿Cómo está Susana?/*cansada*. — ....
2. ¿Cómo está usted?/*cansado*. — ....
3. ¿Cómo estáis?/*bien*. — ....
4. ¿Cómo están Pilar y Carmen?/*resfriadas*. — ....
5. ¿Cómo están ustedes?/*enfermas*. — ....
6. ¿Cómo estás?/*en forma*. — ....
7. ¿Cómo está la habitación?/*desordenada*. — ....
8. ¿Cómo está la ventana?/*cerrada*. — ....
9. ¿Cómo están los niños?/*resfriados*. — ....
10. ¿Cómo están ustedes?/*cómodos*. — ....

El coche está (dentro del/en el) garaje.

La bicicleta está fuera del garaje.

La botella está sobre la mesa.

El gato está debajo de la mesa.

El jardín está delante del hotel.

La piscina está detrás del hotel.

Las clases están a la izquierda del pasillo.

Los servicios están a la derecha del pasillo.

3. Observe el dibujo y conteste a la pregunta

¿Dónde está el coche?   - *El coche está dentro del garaje.*

1. ¿Dónde están los servicios? – ....
2. ¿Dónde está la piscina? – ....
3. ¿Dónde está la botella? – ....
4. ¿Dónde están las clases? – ....
5. ¿Dónde está la bicicleta? – ....
6. ¿Dónde está el gato? – ....
7. ¿Dónde está el jardín? – ....

4. Conteste a la pregunta con la preposición adecuada

¿Dónde está José?/*cama.***   – *José está en la cama.*

1. ¿Dónde está usted?/*jardín.* – ....
2. ¿Dónde está Correos?/*estación.* – ....
3. ¿Dónde está el museo?/*la Plaza Mayor.* – ....
4. ¿Dónde está la parada del autobús?/*hospital.* – ....
5. ¿Dónde están los zapatos?/*cama.* – ....
6. ¿Dónde está el vino?/*mesa.* – ....
7. ¿Dónde está el gato?/*silla.* – ....
8. ¿Dónde está el garaje?/*la derecha.* – ....
9. ¿Dónde está la habitación de José?/*la izquierda.* – ....
10. ¿Dónde está Pedro?/*cine.* – ....

Ser / Estar

Ser

1. Cualidad

La mesa es redonda.
El cielo es azul.
Juan es alto.
Carmen es alegre.

2. Origen, procedencia

Yo soy de España.
Esta porcelana es de China.

3. Tiempo

Hoy es martes, 13 de enero.
Ahora es invierno.
¿Qué hora es? Es la una.
Ya es tarde.
Todavía es pronto.

4. Posesión, pertenencia

Ese coche es de Antonio.
Estos libros son del profesor.

5. Profesión

Él es médico.
¿Es usted estudiante de español?

Ser / Estar

Estar

1. Estado físico

La mesa está limpia.
El cielo está azul.
Juan está enfermo.
Carmen está alegre.

2. Situación, lugar

Yo estoy en España.
La porcelana está en el armario.

3. Tiempo

Hoy estamos a martes, 13 de enero.
Ahora estamos en invierno.

5. Complete la frase con *ser* o *estar*

La niña *está* enferma. La mesa *es* redonda.

1. Luis .... simpático.
2. Juan y Pedro .... estudiantes.
3. ¿.................. usted cansado?
4. Ellos .... resfriados.
5. Las ventanas .... abiertas.
6. Este lápiz .... de Juan.
7. La botella .... sobre la mesa.
8. Mis zapatos .... azules.
9. ¿Qué hora ....? Las doce.
10. Hoy .... de enero.

6. Complete la frase con *ser* o *estar*

1. Mi coche .... nuevo, pero ahora .... roto.
2. Estos zapatos .... muy cómodos, pero ya .... muy viejos.
3. Nuestra casa .... bastante antigua, pero .... bien conservada.
4. Juan .... muy tranquilo, pero hoy .... nervioso.
5. Todavía .... pronto, los bancos .... aún abiertos.
6. Torremolinos .... en el Sur de España y .... un pueblo muy turístico.
7. Ella .... joven, pero .... bastante enferma.
8. Mis amigos .... alemanes. Ahora .... en España de vacaciones.
9. Ellos .... en la discoteca, pues hoy .... fiesta.
10. ¿.................. ustedes contentos con el hotel? Sí, ... un hotel muy limpio y barato.

La mesa es cuadrada.

La mesa está sucia.

Juan .... médico.

Juan .... en la cama.

Madrid .... la capital de España.

Madrid...........en el centro de España.

La habitación............grande.

La habitación........... desordenada.

Este niño...........muy simpático.

Este niño...........enfadado.

Ser, Estar ● ● ● ● ● ● ● ● ● ●

Ese bar .... muy barato.

Aquel bar .... abierto.

Peter y Mary .... de Inglaterra.

Pedro y Consuelo .... en Inglaterra.

Mi coche .... pequeño.

Mi coche .... roto.

Las ventanas .... grandes.

Las ventanas .... cerradas.

Esa silla .... libre.

Esta silla .... cómoda.

7. Diga lo contrario

La bicicleta está *fuera* del garaje.   — *La bicicleta está dentro del garaje.*

1. La habitación está *sucia*.   — ....
2. Los hoteles son *caros*.   — ....
3. La cafetería está *cerrada*.   — ....
4. El jardín está *delante de* la casa.   — ....
5. Correos está *a la derecha de* la estación.   — ....
6. Él es muy *simpático*.   — ....
7. Aquella silla está *ocupada*.   — ....
8. La mesa es *redonda*.   — ....
9. La habitación está *desordenada*.   — ....
10. Aquellos edificios son muy *antiguos*.   — ....

8. Describa el plano de la casa

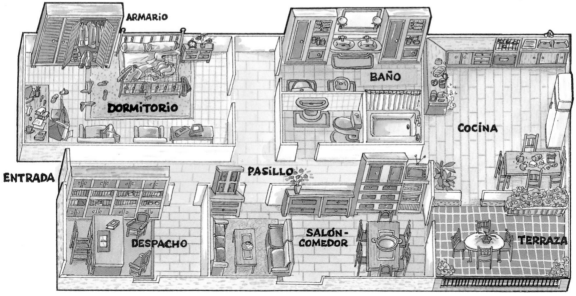

Utilice: **grande/pequeño; sucio/limpio; ordenado/desordenado; cómodo/incómodo; a la derecha/a la izquierda.**

....
....
....
....

9. Describa el dibujo

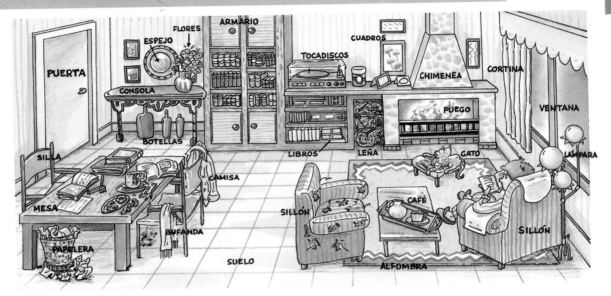

Utilice: **sobre/debajo; delante/detrás; a la izquierda/a la derecha; sucio/limpio; cómodo/incómodo; moderno/antiguo; cuadrado/redondo; viejo/nuevo; bueno/malo.**

....

....

....

....

....

Numerales

60. Sesenta	71. Setenta y uno	82. Ochenta y dos	93. Noventa y tres
61. Sesenta y uno	72. Setenta y dos	83. Ochenta y tres	94. Noventa y cuatro
62. Sesenta y dos	73. Setenta y tres	84. Ochenta y cuatro	95. Noventa y cinco
63. Sesenta y tres	74. Setenta y cuatro	85. Ochenta y cinco	96. Noventa y seis
64. Sesenta y cuatro	75. Setenta y cinco	86. Ochenta y seis	97. Noventa y siete
65. Sesenta y cinco	76. Setenta y seis	87. Ochenta y siete	98. Noventa y ocho
66. Sesenta y seis	77. Setenta y siete	88. Ochenta y ocho	99. Noventa y nueve
67. Sesenta y siete	78. Setenta y ocho	89. Ochenta y nueve	100. Cien
68. Sesenta y ocho	79. Setenta y nueve	90. Noventa	
69. Sesenta y nueve	80. Ochenta	91. Noventa y uno	
70. Setenta	81. Ochenta y uno	92. Noventa y dos	

ESPAÑA Y SUS AUTONOMIAS

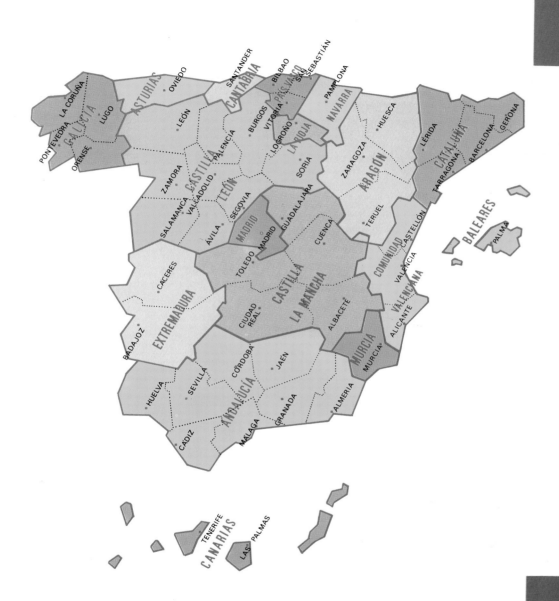

Esta es mi casa

Juan: Esta es mi casa. Está en la calle de Prim, número quince.

Carmen: ¡Es muy grande!

Juan: Sí, es bastante grande, pero antigua. Detrás de la casa está el jardín.

Carmen: ¿Hay muchos árboles en el jardín?

Juan: No, sólo hay dos. Pero hay muchas flores.

Carmen: Y ahí, ¿qué hay?

Juan: Ahí está el garaje y aquí, la piscina.

Carmen: ¿Y allí?

Juan: La caseta del perro.

Carmen: ¿Es muy alto el alquiler?

Juan: No, setenta mil pesetas al mes.

Carmen: ¡Qué barato!

⌘ Preguntas

1. ¿Dónde está la casa de Juan?
2. ¿Cómo es la casa?
3. ¿Dónde está el jardín?
4. ¿Qué hay en el jardín?
5. ¿Cuántos árboles hay en el jardín?
6. ¿Dónde está la caseta del perro?
7. ¿Dónde está el garaje?
8. ¿Es muy alto el alquiler de la casa?
9. ¿Son muy caros los alquileres en su país?
10. ¿Cómo es su casa?

● *Adjetivos demostrativos*

Singular				Plural			
Masculino	**este** libro **ese** libro **aquel** libro	Femenino	**esta** mesa **esa** mesa **aquella** mesa	Masculino	**estos** libros **esos** libros **aquellos** libros	Femenino	**estas** mesas **esas** mesas **aquellas** mesas

● *Pronombres demostrativos*

Singular						Plural			
Masculino	**este** **ese** **aquel**	Femenino	**esta** **esa** **aquella**	Neutro	**esto** **eso** **aquello**	Masculino	**estos** **esos** **aquellos**	Femenino	**estas** **esas** **aquellas**

Nota: Los pronombres éste, ése, aquél, con sus femeninos y plurales, llevarán normalmente tilde, pero **será lícito prescindir de ella** cuando no exista riesgo de ambigüedad.

Nota: Este expresa la proximidad a la primera persona; **ese,** un grado entre proximidad y lejanía, con relación a la primera persona, y **aquel** expresa lejanía de la primera persona.

● 1. Utilice un pronombre demostrativo

Este coche es rojo y .... es verde.

1. Esa casa es antigua y .... es moderna.
2. Estos zapatos son nuevos y .... son viejos.
3. Aquel coche es de Juan y .... es de Pedro.
4. Este hotel es caro, pero .... es barato.
5. Aquellos señores son turistas y ...... son estudiantes.

– *Ese es verde.*

6. Esta señora es alemana y .... es francesa.
7. Esta mesa está ocupada, pero .... está libre.
8. Aquellas torres son góticas y .... son románicas.
9. Este café es para Antonio y .... para Luis.
10. Estos libros están rotos, pero .... son nuevos.

• • • *hay / está (n)*

Aquí, ahí, allí	hay	está	están
	un museo	*el* museo	*mis* zapatos
	una cafetería	*la* cafetería	*los* turistas
	dos abrigos	*mi* casa	
	mucha gente		
	muchas personas		
	muchos turistas		

• • • 2. Utilice el demostrativo

Aquí hay un bolso.   – ¿De quién es *este* bolso?

1. *Allí* hay un restaurante.   – ¿Es caro .... restaurante?
2. *Ahí* hay un bolígrafo.   – ¿De quién es .... bolígrafo?
3. *Aquí* a la izquierda hay un hotel.   – ¿Cómo es .... hotel?
4. *Allí* en el jardín hay dos gatos.   – ¿De quién son .... gatos?
5. *Ahí* hay dos señoras.   – ¿Quiénes son .... señoras?
6. *Aquí* hay unas gafas.   – ¿Son .... tus gafas?
7. *Allí* hay un sombrero.   – ¿Es .... tu sombrero?
8. *Ahí* hay un paraguas.   – ¿Es .... tu paraguas?
9. *Allí* a la derecha hay una habitación.   – ¿Es .... tu habitación?
10. *Aquí* hay unos zapatos.   – ¿Son .... tus zapatos?

• • • 3. Conteste afirmativamente

¿Hay muchas discotecas en esta ciudad?   – *Sí, en esta ciudad hay muchas discotecas.*

1. ¿Hay muchos libros en esa biblioteca?   – ....
2. ¿Hay muchas sillas libres en aquella sala?   – ....
3. ¿Hay muchos teatros en este barrio?   – ....
4. ¿Hay mucho dinero en ese cajón?   – ....
5. ¿Hay muchos bancos en esta plaza?   – ....
6. ¿Hay muchos bares en aquella calle?   – ....
7. ¿Hay muchos museos en esta ciudad?   – ....
8. ¿Hay muchos alumnos en esta clase?   – ....
9. ¿Hay muchos turistas en este hotel?   – ....
10. ¿Hay muchas personas en esas oficinas?   – ....

En esta calle hay un banco
El banco está en esta calle.

En la playa hay mucha gente.
La gente está en la playa.

Debajo de mi casa hay un bar.
El bar está debajo de mi casa.

Sobre la mesa hay tres vasos.
Los vasos ....

A la derecha hay un cine.
El cine ....

A la izquierda hay unas oficinas.
Las ....

Dentro del cajón hay unos guantes.
Los guantes...

Fuera de la casa hay un perro.
El perro ....

Delante del museo hay un parque.
El parque ....

Detrás del hotel hay una piscina.
La piscina ....

Este gato es blanco.   – **Aquí hay un gato blanco.**

1. *Esa* piscina es grande.   – *Ahí hay* ....
2. *Este* hotel es moderno.   – ....
3. *Esas* botellas están vacías.   – ....
4. *Aquella* mesa está libre.   – ....
5. *Esa* cafetería está abierta.   – ....
6. *Esta* silla está ocupada.   – ....
7. *Esos* señores son extranjeros.   – ....
8. *Aquel* restaurante es muy bueno y barato.   – ....
9. *Estos* tomates son muy ricos.   – ....
10. *Esa* tienda está abierta.   – ....

Adjetivos posesivos

	Singular		Plural	
	Masculino	Femenino	Masculino	Femenino
(yo)	**Mi** libro	**Mi** casa	**Mis** libros	**Mis** casas
(tú)	**Tu** libro	**Tu** casa	**Tus** libros	**Tus** casas
(él, ella, usted)	**Su** libro	**Su** casa	**Sus** libros	**Sus** casas
(nosotros/as)	**Nuestro** libro	**Nuestra** casa	**Nuestros** libros	**Nuestras** casas
(vosotros/as)	**Vuestro** libro	**Vuestra** casa	**Vuestros** libros	**Vuestras** casas
(ellos, ellas, ustedes)	**Su** libro	**Su** casa	**Sus** libros	**Sus** casas

5. Utilice un adjetivo posesivo

Pepe tiene una mujer muy agradable.   – **Su mujer es muy agradable.**

1. Yo tengo una bicicleta azul.   – ....
2. Ella tiene una casa nueva.   – ....
3. Ellos tienen un perro negro.   – ....
4. Tú tienes una habitación muy pequeña.   – ....
5. Nosotros tenemos un profesor muy simpático.   – ....
6. Usted tiene un coche muy rápido.   – ....
7. Vosotros tenéis un apartamento muy bonito.   – ....
8. Ustedes tienen un jardín muy grande.   – ....
9. Él tiene un padre muy autoritario.   – ....
10. Ellas tienen un televisor muy antiguo.   – ....

resfriada = cold
fuerte ≠ débil

Verbo TENER:
• Presente de Indicativo

(Yo)	tengo
(tú)	tienes
(él, ella, usted)	tiene
(nosotros/as)	tenemos
(vosotros/as)	tenéis
(ellos/as/ustedes/)	tienen

• 6. Complete la frase

¿Tienes coche?   – *Sí, este es mi coche.*

1. ¿Tienen ellos una casa?   – *Sí, esta* es su casa
2. ¿Tiene ella un hijo?   – *Sí, ese* es su hijo
3. ¿Tenéis un diccionario?   – *Sí, este* es nuestro diccionario
4. ¿Tienen ustedes coche?   – *Sí, este* es nuestro coche
5. ¿Tiene él hijas?   – *Sí, aquellas* son su hijas
6. ¿Tienes un bolígrafo?   – *Sí, este* es mi bolígrafo
7. ¿Tiene usted un apartamento?   – *Sí, aquel* es mi apartamento
8. ¿Tienes una hermana?   – *Sí, esa* es mi hermana
9. ¿Tienen ellas un perro?   – *Sí, este* es su perro
10. ¿Tenéis vosotros una habitación?   – *Sí, esta* es nuestra habitación

• 7. Conteste a la pregunta

¿Cómo está tu padre? /enfermo.   – *Mi padre está enfermo.*

1. ¿Cómo está vuestra madre?/*resfriada.*   – Nuestra madre está resfriada
2. ¿Cómo están vuestros amigos?/*bien.*   – Nuestros amigos están bien.
3. ¿Cómo está su mujer (de usted)?/*enferma.*   – Mi mujer está enferma.
4. ¿Cómo está su hermano (de él)?/*nervioso.*   – Su hermano está nervioso
5. ¿Cómo están sus padres (de ustedes)?/*bien.*   – Nuestros padres están bien.
6. ¿Cómo está su abuelo (de ella)?/*mal.*   – Su abuelo está mal
7. ¿Cómo está su marido (de ella)?/*tranquilo.*   – Su marido está tranquilo
8. ¿Cómo está tu tía?/*mejor.*   – Mi tía está mejor
9. ¿Cómo están vuestros niños?/*fuertes.*   – Nuestros niños están fuertes.
10. ¿Cómo está su abuela (de ustedes)?/*débil.*   – Nuestra abuela está débil

Adjetivos posesivos ● ● ● ●

¿De qué color es su chaqueta (de usted)? *cha tsaqueta*
Mi chaqueta es roja.

¿De qué color es tu blusa?
.... naranja.

¿De qué color es tu corbata?
.... azul.

¿De qué color son vuestras gabardinas?
.... blancas.

¿De qué color es su sombrero (de él)?
Mi sombrero es .... gris.

¿De qué color es su falda (de ella)?
.... verde.

¿De qué color son sus abrigos (de ustedes)?
Nuestros .... marrones.

¿De qué color son vuestros pantalones?
nuestros .... negros.

¿De qué color son tus guantes?
Mis .... amarillos.

¿De qué color es tu jersey?
Mi .... rosa.

casado - married
soltera = unmarried lady
enfermera = nurse   enferma = sick

8. Complete la frase con un adjetivo posesivo

1. Tengo dos hermanas y un hermano. *Mi* hermano Juan está casado. *Su* mujer es muy simpática.
   Ellos tienen tres hijos. *Sus* hijos son *mis* sobrinos y yo soy *su* tío.

2. *Mi* hermana Pilar está también casada. Antonio, *su* marido, es director de una fábrica textil.
   Su hija Carmen es muy morena y *su* hijo José es muy rubio.

3. Tenemos dos hijos. *Nuestra* hija es enfermera y está soltera. *Su* novio, Luis, es un chico muy agradable. *Nuestro* hijo Carlos está separado de *su* mujer. *Nuestros* nietos están con *su* madre.

Sus

♂	♀	Plural colectivo	Adjetivos
marido	mujer		casado/a
padre	madre	padres	soltero/a
hijo	hija	hijos/niños	viudo/a
hermano	hermana	hermanos	separado/a
abuelo	abuela	abuelos	divorciado/a
nieto	nieta	nietos	
tío	tía	tíos	
primo	prima	primos	
sobrino	sobrina	sobrinos	
suegro	suegra	suegros	
yerno	nuera	yernos/nueras	
cuñado	cuñada	cuñados	
novio	novia	novios	

APRENDA

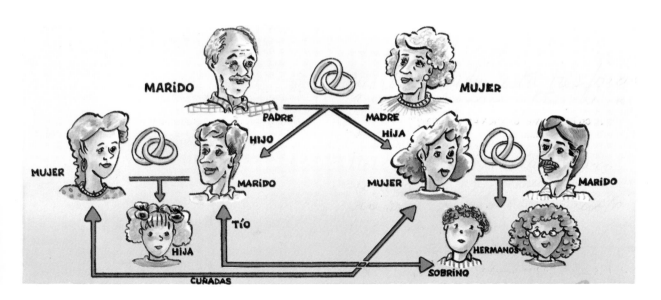

49

- Esta es una foto de .... familia.
- ¿Quién es esta señora morena?
- Es .... tía Josefa, la hermana mayor de .... madre.
- ¿Está casada o soltera?
- Está casada y tiene cuatro hijos. .... hijo mayor, ... primo Alberto, es médico.
- Y el señor de gafas, ¿quién es?
- Es .... abuelo Juan, el padre de .... padre. A la derecha está .... mujer, ... abuela Carmen.
- ¿Son estos .... hermanos?
- Sí, el alto es .... hermano Pepe y la chica rubia es .... hermana menor.
- ¿Quiénes son estos niños?
- Son .... sobrinos.

10. Complete la frase utilizando *ser* o *estar*

1. ¿De qué color .... tu coche? Mi coche .... rojo.
2. ¿De quién .... este paraguas azul? .... de mi hermana.
3. ¿Dónde .... mi jersey marrón? .... en el cajón.
4. ¿..................... estos pantalones negros muy caros? No, ... muy baratos.
5. Hoy el cielo .... muy azul.
6. Aquella gabardina blanca .... de nuestro profesor.
7. Tu abrigo verde .... sucio.
8. Su sombrero amarillo .... muy elegante.
9. Tus guantes grises .... sobre la mesa.
10. Aquella falda roja .... muy bonita.

Bañador señora lycra rugosa, estampado flores.

1.995

Toalla playa estampada

695

Deportivos squash Cups, 34 a 44.

1.995

TEST DE EVALUACIÓN 1 (Lecciones 1 a 5)

I. Forme el femenino

I. **Mi hijo es rubio.**   – *Mi hija es rubia.*

1. Mi hermano es moreno.   – ....
2. Nuestro profesor es muy simpático.   – ....
3. Su amigo es polaco.   – ....
4. Vuestro tío es bajo.   – ....
5. Tu niño es muy tranquilo.   – ....

II. Diga lo contrario

I. **Esta ciudad es muy *sucia*.**   – **Esta ciudad es muy *limpia*.**

1. Tu habitación está muy *desordenada*.   – ....
2. Aquella silla está *libre*.   – ....
3. El alquiler es muy *bajo*.   – ....
4. Ese restaurante es muy *barato*.   – ....
5. Luisa está muy *gorda*.   – ....

III. Utilice la preposición contraria

I. **El gato está *debajo* del sillón.**   – **El gato está *sobre* el sillón.**

1. Mi coche está *fuera* del garaje.   – ....
2. El jardín está *detrás* de la casa.   – ....
3. Correos está *a la derecha* de la estación.   – ....
4. El perro está *dentro* de su caseta.   – ....
5. *Delante* del museo hay un parque.   – ....

IV. ¿Ser o estar?

1. Este libro .... muy interesante.
2. El Ayuntamiento .... en el centro de la ciudad.
3. Este restaurante .... muy bueno, pero hoy .... cerrado.
4. ¿...................... ocupada esta mesa?
5. ¿De qué color .... tu coche?

V. Formule una pregunta

I. Pedro es *mecánico*.   – *¿Qué es Pedro?*

1. María es *yugoslava*.   – ....

2. Su abrigo es *azul*.   – ....

3. Esta ciudad es muy *industrial*.   – ....

4. Aquellas torres son *del siglo XV*.   – ....

5. El señor Gómez es nuestro *profesor*. – ....

VI. Forme el plural

I. El avión es rápido.   – *Los aviones son rápidos.*

1. La habitación está muy limpia.   – ....

2. Aquella chica es estudiante.   – ....

3. Este bolígrafo es azul.   – ....

4. La crisis económica es muy grave.   – ....

5. Este problema es muy difícil.   – ....

VII. Forme el singular

I. Las pensiones son baratas.   – *La pensión es barata*

1. Estos turistas son ingleses.   – ....

2. Aquellos sillones son muy cómodos.   – ....

3. Estos lápices son azules.   – ....

4. Aquellos turistas son daneses.   – ....

5. Nuestros paraguas son negros.   – ....

VIII. Utilice el adjetivo posesivo

I. ¿Es este ... bolígrafo, María?   ¿Es este *tu* bolígrafo, María?

1. ¿Señor Pérez, cómo es .... país?

2. ¿Tenéis un apartamento? ¿Cómo es .... apartamento?

3. ¿Están ustedes contentos con .... habitaciones?

4. ¿Estáis cómodos en .... hotel?

5. ¿Estás enfadado con .... suegra?

PREGUNTAS 40 • ACIERTOS ....

¡Qué calor hace!

Carlos: ¡Hola! ¡Qué calor hace hoy !, ¿verdad?

Luis: ¡Claro! Estamos en verano.

Carlos: En mi país, no hace tanto calor en esta estación del año.

Luis: Aquí, en Madrid, hace mucho calor en verano y mucho frío en invierno. Tenemos un clima continental.

Carlos: Y en el norte de España, ¿cómo es el clima en verano?

Luis: En las costas del Norte no hace ahora tanto calor. Tienen un clima más suave y llueve mucho.

Carlos: Y en otoño ¿qué tiempo hace en Madrid?

Luis: En otoño y en primavera, el tiempo es muy agradable en Madrid. En primavera hace sol, pero a veces llueve y hace mucho viento.

HELADERÍA
CAFÉ

Preguntas

1. ¿Hace hoy calor o frío?
2. ¿En qué estación del año estamos ahora?
3. ¿Qué tiempo hace en Madrid en verano?
4. Y en su país, ¿qué tiempo hace en verano?
5. ¿Hace mucho frío en invierno en su país?
6. ¿Cómo es el clima en el norte de España?
7. ¿Cómo es el clima de su país?
8. ¿Llueve mucho en primavera en su país?
9. ¿Qué clima tiene Madrid?
10. ¿Dónde llueve mucho en España?

 **· · · El verbo hacer**

hoy **hace**	calor
	frío
	fresco
	sol
	viento
	bueno / buen tiempo
	malo / mal tiempo

· · · Mucho/muy

Hace **mucho** calor.	Hace **muy** bueno.
Hace **mucho** frío.	Hace **muy** malo.
Hace **mucho** viento.	El clima es **muy** caluroso.
Tengo **mucha** hambre.	Ya es **muy** tarde.
Tengo **muchos** problemas.	Estos problemas son **muy** difíciles.
Él trabaja **mucho**.	Él trabaja **muy** bien.

Nota: **mucho** concuerda con el sustantivo en género y número.

· · 1. Complete la frase utilizando *mucho o muy*

En verano hace *mucho* calor. Aquí el clima es *muy* suave.

1. El tiempo es .... bueno.
2. Hoy hace .... mal tiempo.
3. En primavera el tiempo es .... agradable.
4. En mi país hace .... frío en invierno.
5. Hoy hace una tarde .... desagradable.
6. Aquí en verano siempre hace .... bueno.
7. Todavía es .... temprano.
8. En otoño llueve ....
9. Hace .... viento para ir a la playa.
10. En invierno las mañanas son .... frías.

Numerales

1. uno, un, una	17. diecisiete	33. treinta y tres, etc.	200. doscientos/doscientas
2. dos	18. dieciocho	10. diez	300. trescientos/trescientas
3. tres	19. diecinueve	20. veinte	400. cuatrocientos/cuatrocientas
4. cuatro	20. veinte	30. treinta	500. quinientos/quinientas
5. cinco	21. veintiuno	40. cuarenta	600. seiscientos/seiscientas
6. seis	22. veintidós	50. cincuenta	700. setecientos/setecientas
7. siete	23. veintitrés	60. sesenta	800. ochocientos/ochocientas
8. ocho	24. veinticuatro	70. setenta	900. novecientos/novecientas
9. nueve	25. veinticinco	80. ochenta	1.000. mil
10. diez	26. veintiséis	90. noventa	1.001. mil uno/una
11. once	27. veintisiete	100. cien	2.000. dos mil
12. doce	28. veintiocho	101. ciento un/uno/una	3.000. tres mil
13. trece	29. veintinueve	102. ciento dos	1.000.000. un millón
14. catorce	30. treinta	103. ciento tres	100.000.000. cien millones
15. quince	31. treinta y uno	110. ciento diez	1.000.000.000. mil millones
16. dieciséis	32. treinta y dos	114. ciento catorce	

NOTA: La conjunción **y** se usa sólo entre decenas y unidades.

veinti**ún**, treinta **y un**, cuarenta **y un** marcos
trescien**tos** alumnos

veinti**una**, treinta **y una**, cuarenta **y una** pesetas
trescien**tas** alumnas

2. Lea estos números

7, 10, 29, 11, 84, 55, 15, 33, 97, 100, 115, 219, 343, 928, 1.012, 1.529, 1.494, 8.401, 9.510, 5.511, 20.321, 15.830, 42.709, 11.666, 380.222, 547.714, 2.839.245, 12.955.212.

3. Conteste a la pregunta: ¿Cuánto dinero tiene usted?

101 marcos — *Tengo ciento un marcos.*

1. 1.101 marcos — ....
2. 225 pesetas — ....
3. 511 libras — ....
4. 1.879 coronas — ....
5. 12.655 rublos — ....
6. 724.923 dólares — ....
7. 15.459 pesos — ....
8. 1.392.715 libras — ....
9. 13.266 francos — ....
10. 3.444.613 chelines — ....

● ● *¿Qué hora es?*

en punto

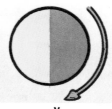
y

menos

● ● ● ● ● ● ● ● **¿Qué hora es?**

1. **Es** la una **en punto**.

2. **Son** las dos **en punto**.

3. **Son** las diez **en punto**.

4. **Es** la una **y** media.

5. **Son** las dos **y** media.

6. **Son** las diez **y** media.

7. **Es** la una **y** cuarto.

8. **Son** las dos **y** cuarto.

9. **Son** las diez **y** cuarto.

10. **Es** la una **y** cinco.

11. **Son** las dos **y** cinco.

12. **Son** las diez **y** cinco.

13. **Es** la una **menos** cuarto.

14. **Son** las dos **menos** cuarto.

15. **Son** las diez **menos** cuarto.

16. **Es** la una **menos** veinte.

17. **Son** las dos **menos** veinte.

18. **Son** las diez **menos** veinte.

¿A qué hora es la clase?

1. **A** las doce **en punto**.　　2. **A** las siete **y** media.　　3. **A** las nueve **y** cuarto.

La hora

¿Qué hora es ahora?
Ahora ....

¿A qué hora es la clase?
La clase ....

¿Desde qué hora está abierta la oficina?
La oficina ....

¿Hasta qué hora están abiertos los bancos?
Los bancos ....

¿Desde qué hora y hasta qué hora tienes clase?
Tengo clase ....

¿Hasta qué hora está abierto Correos?
Correos ....

¿A qué hora es el descanso?
El descanso ....

¿Cuánto dura el descanso?
El descanso ....

La hora

¿Desde qué hora está Pedro en su despacho?
Pedro ....

¿A qué hora es el examen?
El examen ....

¿Hasta qué hora hay clase?
Hay clase ....

¿Desde qué hora y hasta qué hora están abiertos los restaurantes?
Los restaurantes ....

¿Qué hora tiene usted?
Tengo las ....

¿Qué hora tiene usted?
Tengo las ....

¿Cuánto dura la película?
La película ....

¿Qué día es hoy?

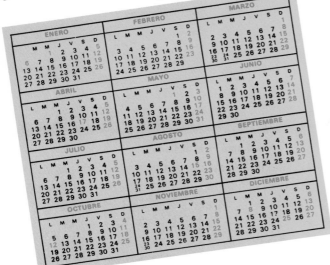

María: ¿Qué día es hoy?

Pilar: Hoy es martes; mañana, miércoles, y pasado mañana, jueves.

María: ¿A cuántos estamos hoy?

Pilar: Hoy estamos a veintitrés de julio de mil novecientos noventa y …

María: ¿Qué hora tienes? No tengo reloj.

Pilar: Ya son las tres y cuarto, y a las tres y media es la clase de conversación.

María: Entonces, todavía tenemos un cuarto de hora para tomar un café.

Pilar: Bueno, pero deprisa. No tenemos mucho tiempo. El profesor es muy puntual.

María: ¡Camarero! ¡Por favor, un café solo y un cortado!

Camarero: Enseguida, señoritas.

El tiempo cronológico

   Una hora tiene 60 minutos, y un minuto tiene 60 segundos. El día tiene 24 horas. Las partes del día son: la mañana, el mediodía, la tarde y la noche. Una semana tiene siete días. Los días de la semana son: lunes, martes, miércoles, jueves, viernes, sábado y domingo. Un mes tiene cuatro semanas, y un año 12 meses. Los meses del año son: enero, febrero, marzo, abril, mayo, junio, julio, agosto, septiembre, octubre, noviembre y diciembre. El año tiene cuatro estaciones: primavera, verano, otoño e invierno. El año tiene 365 días y si tiene 366 días es un año bisiesto.

Preguntas

1. ¿Qué día es hoy?

2. ¿A cuántos estamos hoy?

3. ¿Qué hora tiene Pilar?

4. ¿A qué hora es la clase de conversación?

5. ¿Cuánto tiempo libre tienen aún Pilar y María?

6. ¿Cuántos días tiene una semana y cuáles son?

7. ¿Cuántos meses tiene un año y cuáles son?

8. ¿Cuántas estaciones tiene un año?

9. ¿Cuándo es primavera?

10. ¿Cuánto dura el invierno?

• • La edad

¿Qué edad **tienes**?	
¿Cuántos años **tienes**?	*Tengo veinticuatro años.*
¿Qué tiempo **tiene** el bebé?	*Tiene dos meses.*

4. Conteste a la pregunta

¿Qué edad tienes?/*31 años*　　　　　　　　　– *Tengo treinta y un años.*

1. ¿Qué edad tiene su padre?/*72 años.*　　　– ....
2. ¿Cuántos años tiene vuestro hijo?/*12 años.*　– ....
3. ¿Qué tiempo tiene el niño?/*8 meses.*　　　– ....
4. ¿Cuántos años tenéis?/*17 y 20 años.*　　　– ....
5. ¿Qué tiempo tiene esta niña?/*5 semanas.*　– ....
6. ¿Qué edad tiene tu madre?/*45 años.*　　　– ....
7. ¿Qué edad tienen sus abuelos?/*78 y 81 años.*　– ....
8. ¿Cuántos años tiene usted?/*36 años.*　　　– ....
9. ¿Qué tiempo tiene este niño?/*8 días.*　　　– ....
10. ¿Cuántos años tiene vuestra hermana?/*15 años.*　– ....

5. Conteste a la pregunta

¿Cuándo es tu cumpleaños?/*18.1*　　　　　– *Mi cumpleaños es el dieciocho de enero.*

1. ¿Cuándo es el cumpleaños de tu hermano?/*31.9.*　– ....
2. Señor Molina, ¿cuándo es su cumpleaños?/*28.10.*　– ....
3. ¿Cuándo es vuestro aniversario de boda?/*12.3.*　– ....
4. ¿Cuándo es el congreso?/*29.7.*　　　　　– ....
5. ¿Cuándo es la Fiesta Nacional de España?/*12.10.*　– ....
6. ¿Cuándo es la Fiesta Nacional de Portugal?/*25.4.*　– ....
7. ¿Cuál es la fecha de tu nacimiento?/*15.9.1954.*　– ....
8. ¿A qué día estamos hoy?/*3.11.199...*　　　– ....
9. ¿Qué día son los exámenes?/*28.5.*　　　– ....
10. ¿A cuántos estamos mañana?*9.4.*　　　　– ....

¿Cuánto cuesta/n? ● ● ● ●

¿Cuánto cuesta un kilo de tomates?
.... 160 pts.

¿Cuánto cuesta medio kilo de plátanos?
.... 150 ptas.

¿Cuánto cuesta un cuarto de kilo de fresas?
.... 99 ptas.

¿Cuánto cuesta un kilo de uvas?
.... 175 ptas.

¿Cuánto cuesta un litro de leche?
.... 90 ptas.

¿Cuánto vale medio litro de vino?
.... 70 ptas.

¿Cuánto cuestan dos botellas de agua mineral?
.... 160 ptas.

¿Cuánto cuesta una caña de cerveza?
.... 90 ptas.

¿Cuánto cuesta una entrada de teatro?
.... 650 ptas.

¿Cuánto cuestan dos billetes de autobús?
.... 180 ptas.

6. Conteste a la pregunta

Cuánto cuesta un kilo de naranjas?: *180 ptas.*   – *Un kilo de naranjas cuesta 180 ptas.*

1. ¿Cuánto cuestan dos kilos de peras?: *165 ptas.*   – ....
2. ¿Cuánto cuesta medio kilo de pasteles?: *600 ptas.*   – ....
3. ¿Cuánto cuesta un cuarto (de) kilo de fresas?: *99 ptas.*   – ....
4. ¿Cuánto cuesta un litro de vino?: *140 ptas.*   – ....
5. ¿Cuánto vale un litro de leche?: *90 ptas.*   – ....
6. ¿Cuánto cuesta una botella de güisqui?: *1.200 ptas.*   – ....
7. ¿Cuánto cuesta un bocadillo de jamón?: *200 ptas.*   – ....
8. ¿Cuánto cuesta una bolsa de patatas?: *80 ptas.*   – ....
9. ¿Cuánto cuesta una ración de aceitunas?: *150 ptas.*   – ....
10. ¿Cuánto cuesta un café con leche?: *75 ptas.*   – ....
11. ¿Cuánto cuesta medio kilo de naranjas?: *190 ptas.*   – ....
12. ¿Cuánto cuesta una caja de galletas?: *180 ptas.*   – ....

7. Diga lo contrario

Hoy hace *frío.*   – *Hoy hace calor.*

1. Aquí llueve *mucho.*   – ....
2. El tiempo es muy *agradable.*   – ....
3. En primavera hace *buen* tiempo.   – ....
4. El clima es muy *caluroso.*   – ....
5. Es muy *tarde.*   – ....
6. Hoy hace *bueno.*   – ....
7. Aquí nieva *poco* en invierno.   – ....
8. En nuestro país tenemos un clima *continental.*   – ....
9. Las noches son *frías.*   – ....
10. Los días son *cortos.*   – ....
11. Hoy *no* llueve mucho.   – ....
12. Tenemos un invierno *muy frío.*   – ....

8. Describa estas imágenes

Utilice el siguiente vocabulario:

Verbos: nieva, llueve, hace frío/calor/sol/viento. Hay nieve, niebla, tormenta.

Sustantivos: la nieve, la lluvia, el frío, el calor, la niebla, la nube, la temperatura, el cielo, la tierra.

Adjetivos: frío, caluroso, templado suave, húmedo, seco, nublado, verde, maduro, despejado.

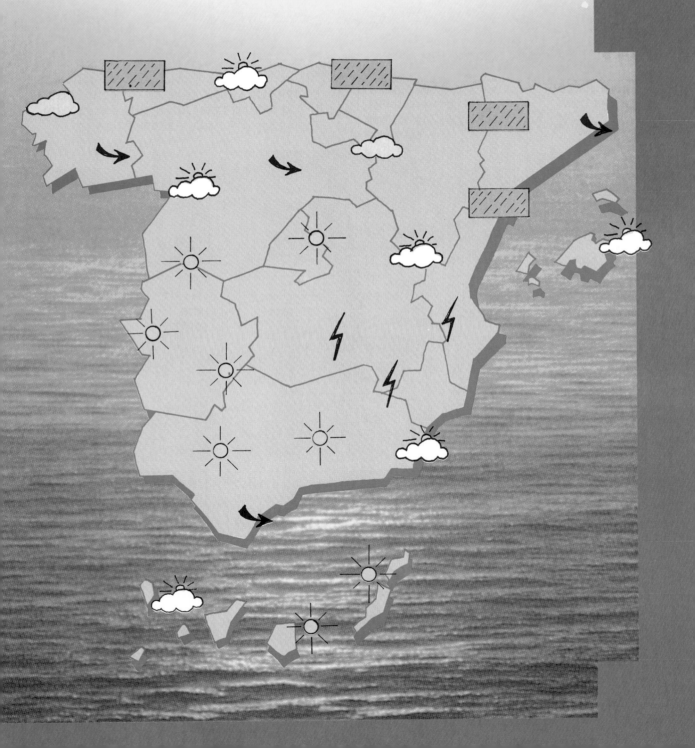

EL TIEMPO

¿A dónde vas?

¡HOLA, PEDRO! ¿A DÓNDE VAS?

VOY A CLASE DE ESPAÑOL. ESTUDIO ESPAÑOL; Y TÚ, ¿ESTUDIAS TAMBIÉN ESPAÑOL?

SÍ, TRABAJO EN UNA EMPRESA Y NECESITO ESTE IDIOMA PARA MI TRABAJO. MI EMPRESA EXPORTA PRODUCTOS A ESPAÑA Y SUDAMÉRICA.

¿HABLAS MUCHOS IDIOMAS?

INGLÉS Y UN POCO DE FRANCÉS.

¿DESDE CUÁNDO ESTUDIAS ESPAÑOL?

DESDE HACE UN AÑO.

¿EN QUÉ CLASE ESTÁS?

ESTOY EN EL NIVEL MEDIO. EN EL AULA CUATRO.

¿CUÁNTAS HORAS DE CLASE TIENES AL DÍA?

TRES HORAS. LA CLASE EMPIEZA A LAS NUEVE EN PUNTO Y DURA HASTA LAS DOCE. A LAS DIEZ Y MEDIA HAY UNA PAUSA. DURANTE LA PAUSA FUMAMOS UN CIGARRILLO, TOMAMOS UNA TAZA DE CAFÉ O CHARLAMOS CON LOS COMPAÑEROS.

¡MUY BIEN! TE DESEO MUCHO ÉXITO EN TUS ESTUDIOS DE ESPAÑOL.

GRACIAS. ¡IGUALMENTE.

Preguntas

1. ¿A dónde va Pedro?
2. ¿Qué estudia Pedro?
3. ¿Dónde trabaja Susana?
4. ¿Por qué estudia Susana español?
5. ¿Cuántos idiomas habla Susana?

6. ¿A qué países exporta productos la empresa de Susana?
7. ¿Desde cuándo estudia Susana español?
8. ¿Cuántas horas de clase tiene al día?
9. ¿En qué aula está Susana?
10. ¿Qué hacen los alumnos durante la pausa?

Verbos en -ar: Presente de indicativo

ayudar	(yo)	**estudi-o**	**habl-o**	**– o**
contestar	(tú)	**estudi-as**	**habl-as**	**– as**
estudiar	(él, ella, usted)	**estudi-a**	**habl-a**	**– a**
explicar	(nosotros/as)	**estudi-amos**	**habl-amos**	**– amos**
fumar	(vosotros/as)	**estudi-áis**	**habl-áis**	**– ais**
hablar	(ellos, ellas, ustedes)	**estudi-an**	**habl-an**	**– an**
practicar				
preguntar				

• • • El verbo DAR

(yo)	**doy**
(tú)	**das**
(él, ella, usted)	**da**
(nosotros/as)	**damos**
(vosotros/as)	**dais**
(ellos, ellas, ustedes)	**dan**

1. Conjugue los verbos que están entre paréntesis

Juan (*hablar*)... muy deprisa.   — *Juan habla muy deprisa.*

1. Nosotros (*esperar*)... el autobús.   — ....
2. Usted (*fumar*)... mucho   — ....
3. Ellos (*practicar*)... la lección.   — ....
4. Ella (*contestar*)... la carta.   — ....
5. Vosotros (*estudiar*)... la lección.   — ....
6. Yo (*escuchar*)... la radio.   — ....
7. El profesor (*explicar*)... la gramática.   — ....
8. Tú (*preguntar*)... mucho.   — ....
9. Ustedes (*hablar*)... muy bien español.   — ....
10. María (*comprar*)... el periódico.   — ....

Verbo + Complemento directo

1) Verbo + Complemento Directo (cosa)	2) Verbo + a + Complemento directo (persona)
*Escucho **la radio**.* *Contesto **la carta**.* *Espero **un telegrama**.* **¿qué?**	*Escucho **a la profesora**.* *Contesto **al profesor**.* *Espero **a mi hermano**.* **¿a quién? / ¿a quiénes?**

2. Conteste a la pregunta

¿Qué estudia María?/*español.*   — **María estudia español.**

1. ¿Qué compran ustedes?/*vino.*   — ....
2. ¿Qué estudian Susana y Pedro?/*inglés.*   — ....
3. ¿Qué toma usted?/*un café.*   — ....
4. ¿Qué fumáis?/*un cigarro.*   — ....
5. ¿Qué idiomas hablas?/*italiano y francés.*   — ....
6. ¿Qué escucha usted?/*la radio.*   — ....
7. ¿Qué esperan ustedes?/*el autobús.*   — ....
8. ¿Qué explica el profesor?/*la gramática.*   — ....
9. ¿Qué practican los alumnos?/*los verbos.*   — ....
10. ¿Qué escucháis?/*las noticias.*   — ....

3. Conteste a la pregunta

A quién pregunta el profesor?/*alumno.*   — **El profesor pregunta al alumno.**

1. ¿A quién espera usted?/*señor García.*   — ....
2. ¿A quién escuchan los alumnos?/*profesora.*   — ....
3. ¿A quiénes saludáis?/*amigos.*   — ....
4. ¿A quién visitas los domingos?/*mi abuela.*   — ....
5. ¿A quién contesta el alumno?/*profesor.*   — ....
6. ¿A quiénes esperan ustedes?/*nuestros hermanos.*   — ....
7. ¿A quién llevas esta tarde a la fiesta?/*Susana.*   — ....
8. ¿A quién esperáis hoy?/*Juan y Pedro.*   — ....
9. ¿A quién ayuda Carmen?/*su madre.*   — ....
10. ¿A quiénes examina el profesor?/*alumnos.*   — ....

• Verbos en -ar con diptongación

1) e > ie {1.ª, 2.ª, 3.ª. pers. sing. 3ª pers. plural.

pensar	(yo)	**pie**nso
acertar	(tú)	**pie**nsas
atravesar	(él, ella, usted)	**pie**nsa
calentar	(nosotros/as)	pensamos
comenzar	(vosotros/as)	pensáis
despertar	(ellos, ellas, ustedes)	**pie**nsan
empezar		
encerrar		
gobernar		
negar		
sentar		

2) o > ue {1.ª, 2.ª, 3.ª pers. sing. 3.ª pers. plural.

contar	(yo)	**cue**nto
acordar	(tú)·	**cue**ntas
acostar	(él, ella, usted)	**cue**nta
colgar	(nosotros/as)	contamos
costar	(vosotros/as)	contáis
demostrar	(ellos, ellas, ustedes)	**cue**ntan
mostrar		
recordar		
rogar		
sonar		
volar		

• 4. Conteste a la pregunta

¿A qué hora empieza la clase?/*9.*   — *La clase empieza a las 9.*

1. ¿A qué hora cierran las tiendas?/*1.30.*   — ....
2. ¿Qué calienta Pedro?/*la sopa.*   — ....
3. ¿Qué cuentas?/*el dinero.*   — ....
4. ¿Cuánto cuesta el libro?/*725 ptas.*   — ....
5. ¿Qué suena?/*el teléfono.*   — ....
6. ¿Cuándo comienza el partido de tenis?/*11.15.*   — ....
7. ¿A quién despiertan los niños?/*su padre.*   — ....
8. ¿En qué piensas?/*el examen.*   — ....
9. ¿Qué recuerdan ustedes?/*la fiesta.*   — ....
10. ¿Qué colgáis en el armario?/*los abrigos.*   — ....

• Pronombres personales

Sujeto	Complemento directo
yo	me
tú	te
él, ella, usted	lo/(le), la
nosotros/as	nos
vosotros/as	os
ellos, ellas, ustedes	los/(les), las

Verbos en -ar con diptongación

¿A qué hora cierran los bancos?

.... a las 2.

¿Qué calienta Isabel?

.... la comida.

¿En quién piensas?

.... en Carmen.

¿Cuánto cuestan estos guantes?

.... 850 pts.

¿Dónde sienta la madre a su hijo?

.... en la silla.

¿A qué hora suena el despertador?

.... a las 7.30.

¿Cuándo empezáis a trabajar?

.... a las 9.

¿A quién encierra el policía en la cárcel?

.... ladrón.

¿A dónde vuelan las golondrinas?

.... a África.

¿A qué hora acuestan ustedes a los niños?

.... a las 8.

5. Utilice pronombres personales

El profesor explica la lección.   – *Él la explica.*

1. Yo compro la revista.   – ....
2. Nosotros saludamos al profesor.   – ....
3. Vosotros estudiáis la lección.   – ....
4. Carmen calienta la leche.   – ....
5. Juan cuelga el cuadro en la pared.   – ....
6. Nosotros escuchamos al conferenciante.   – ....
7. Él pinta la puerta.   – ....
8. Ellos cierran las ventanas.   – ....
9. Ustedes repasan la cuenta.   – ....
10. Él cuenta el dinero.   – ....
11. Tú lavas el coche.   – ....
12. Vosotras leéis la revista.   – ....

6. Conteste a la pregunta

¿Recuerdas esta canción?   – *Sí, la recuerdo. / - No, no la recuerdo.*

1. ¿Visitáis hoy a Antonio?/*No.*   – ....
2. ¿Me invitáis hoy a comer?/*Sí.*   – ....
3. ¿Nos ayudas esta tarde?/*Sí.*   – ....
4. ¿Alquila usted la habitación?/*Sí.*   – ....
5. ¿Explica el profesor las palabras?/*Sí.*   – ....
6. ¿Ayuda Carmen a su madre?/*No.*   – ....
7. ¿Escuchas todos los días la radio?/*Sí.*   – ....
8. ¿Nos acompañáis a casa?/*Sí.*   – ....
9. ¿Toca Juan el piano?/*No.*   – ....
10. ¿Te invita Luis a cenar?/*Sí.*   – ....
11. ¿Le lleváis al colegio?/*Sí.*   – ....
12. ¿Me enseñas los dibujos?/*No.*   – ....

Pronombres personales

Nosotros compramos todos los días el periódico.
(Nosotros) lo compramos todos los días.

Él firma la carta.
(Él) ....

Vosotros saludáis a vuestros amigos.
(Vosotros) ....

Tú cantas una canción.
(Tú) ....

Ellos acuestan a los niños muy pronto.
(Ellos) ....

Ella friega los platos.
(Ella) ....

La profesora cierra las ventanas.
(La profesora) ....

Yo espero a Carmen y a Juan.
(Yo) ....

Los alumnos escuchan al profesor.
(Los alumnos) ....

Ustedes cuentan los billetes.
(Ustedes) ....

7. Describa la imagen

Utilice los verbos: **aparcar, comprar, cruzar, mirar, pasear, visitar, estar.**

Utilice las formas siguientes: **delante de, detrás de, enfrente de, al lado de, cerca de, lejos de, a la izquierda de, a la derecha de.**

....
....
....
....
....
....
....
....
....
....

LA ENSEÑANZA

En el restaurante

Carlos: ¡Por favor! ¿Tienen una mesa libre?

Camarero: Sí, la mesa del rincón está libre.

Carlos: Gracias. ¿Me puede traer la carta?

Camarero: Aquí la tiene. ¿Qué desea comer?

Carlos: De primero, una ensalada mixta. De segundo, no sé qué tomar. ¿Qué me aconseja usted?

Camarero: Le recomiendo una paella. Es especialidad de la casa.

Carlos: ¡Buena idea! Entonces, de segundo, una paella.

Camarero: Y de postre, ¿Qué quiere usted?

Carlos: Fruta del tiempo.

Camarero: Y de beber, ¿qué desea tomar?

Carlos: Vino de la casa.

Preguntas

1. ¿Qué mesa está aún libre?
2. ¿Qué toma Carlos de primero?
3. ¿Qué le recomienda a Carlos el camarero de segundo?
4. ¿Qué toma de postre?
5. ¿Qué toma para beber?
6. ¿Cuál es la especialidad del restaurante?
7. ¿Cómo son los restaurantes de su país?

Verbos en -er : Presente de Indicativo

aprender	(yo)	**aprend-o**	**le-o**	**ve-o**	– **o**
beber	(tú)	**aprend-es**	**le-es**	**v-es**	– **es**
comer	(él, ella, usted)	**aprend-e**	**le-e**	**v-e**	– **e**
comprender	(nosotros/as)	**aprend-emos**	**le-emos**	**v-emos**	– **emos**
correr	(vosotros/as)	**aprend-éis**	**le-éis**	**v-eis**	– **eis**
esconder	(ellos, ellas, ustedes)	**aprend-en**	**le-en**	**v-en**	– **en**
leer					
ver					
vender					

Verbos en -er: irregulares

	Hacer	Poner	Tener	Traer	Saber
(yo)	**hago**	**pongo**	**tengo**	**traigo**	**sé**
(tú)	haces	pones	**tie**nes	traes	sabes
(él, ella, usted)	hace	pone	**tie**ne	trae	sabe
(nosotros/as)	hacemos	ponemos	tenemos	traemos	sabemos
(vosotros/as)	hacéis	ponéis	tenéis	traéis	sabéis
(ellos, ellas, ustedes)	hacen	ponen	**tie**nen	traen	saben

1. Conjugue los verbos que están entre paréntesis

Él (*ver*) la televisión. — *El ve la televisión*

1. Usted (*beber*) mucho. — ....
2. Tú (*comer*) muy poco. — ....
3. Ellos (*vender*) su casa. — ....
4. Ellas no (*comprender*) la pregunta. — ....
5. Vosotros (*aprender*) las palabras. — ....
6. Ustedes (*tener*) muchos problemas. — ....
7. Yo no (*saber*) su dirección. — ....
8. La camarera (*poner*) la mesa. — ....
9. Vosotras (*hacer*) los ejercicios. — ....
10. El cartero (*traer*) un telegrama. — ....

2. Formule una pregunta

Juan bebe *vino*. — *¿Qué bebe Juan?*

1. Yo leo el *periódico*. — ....
2. Nosotros hacemos mañana una *excursión*. — ....
3. María aprende *inglés*. — ....
4. El cartero trae el *correo*. — ....
5. Ellos venden su *coche*. — ....
6. Nosotros tenemos *tres hijos*. — ....
7. Yo no sé *su número de teléfono*. — ....
8. Los niños corren *por el parque*. — ....

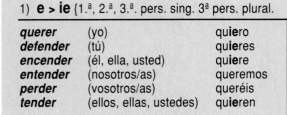

Verbos en -er con diptongación

1) **e > ie** {1.ª, 2.ª, 3.ª. pers. sing. 3ª pers. plural.			2) **o > ue** {1.ª, 2.ª, 3.ª pers. sing. 3.ª pers. plural.		
querer	(yo)	qu**ie**ro	**volver**	(yo)	v**ue**lvo
defender	(tú)	qu**ie**res	**doler**	(tú)	v**ue**lves
encender	(él, ella, usted)	qu**ie**re	**devolver**	(él, ella, usted)	v**ue**lve
entender	(nosotros/as)	queremos	**envolver**	(nosotros/as)	volvemos
perder	(vosotros/as)	queréis	**morder**	(vosotros/as)	volvéis
tender	(ellos, ellas, ustedes)	qu**ie**ren	**oler**	(ellos, ellas, ustedes)	v**ue**lven
			poder		

Nota: El verbo **oler** cambia también de grafía: *huelo, hueles, huele, huelen.*

3. Conjugue los verbos que están entre paréntesis

Pepe (_encender_) la televisión.   — _Pepe enciende la televisión._

1. Ella (_perder_) siempre el autobús.   — ....
2. Yo no (_poder_) ir hoy al cine.   — ....
3. Nosotros (_querer_) vender nuestro apartamento.   — ....
4. Los soldados (_defender_) la nación.   — ....
5. Ustedes no (_entender_) el problema.   — ....
6. Este perro (_morder_) a los niños.   — ....
7. La madre (_tender_) la ropa en el jardín.   — ....
8. El vendedor (_envolver_) el libro.   — ....
9. Ellos (_volver_) mañana de París.   — ....
10. Me (_doler_) mucho el estómago.   — ....

4. Conteste a la pregunta

¿Cuándo vuelves a tu país?/_octubre_.   — _Vuelvo en octubre._

1. ¿A quién muerde el perro?/_los ladrones_.   — ....
2. ¿Qué defienden los soldados?/_su país_.   — ....
3. ¿Qué envuelve el vendedor?/_el regalo_.   — ....
4. ¿A quién no entiendes?/_el profesor_.   — ....
5. ¿Qué podemos hacer?/_una excursión_.   — ....
6. ¿Qué quieres comprar?/_el periódico_.   — ....
7. ¿Qué tiende la madre?/_la ropa_.   — ....
8. ¿Qué te duele?/_el estómago_.   — ....
9. ¿Cuándo volvéis a casa?/_a las 11_.   — ....
10. ¿Qué nos devuelve usted?/_el diccionario_.   — ....

● ● *Pronombres personales*

Sujeto	Complemento indirecto	Complemento directo	Formas tónicas con preposición
(yo)	**me**	**me**	a, de, para **mí**, conmigo (1)
(tú)	**te**	**te**	a, de, para **ti**, contigo (1)
(él, usted)	**le (se)** (2)	**(le) le**	a, de, para **él/usted**, con él/usted
(ella, usted)	**le(se)** (2)	**la**	a, de, para **ella/usted**, con ella/usted
(nosotros/as)	**nos**	**nos**	a, de, para **nosotros/as**, con nosotros/as
(vosotros/as)	**os**	**os**	a, de, para **vosotros/as**, con vosotros/as
(ellos/ustedes)	**les (se)** (2)	**(les) los**	a, de, para **ellos/ustedes**, con ellos/ustedes
(ellas/ustedes)	**les (se)** (2)	**las**	a, de, para **ellas/ustedes**, con ellas/ustedes

NOTAS:

1. Excepción: **conmigo, contigo**

¿Vienes conmigo al cine? No, no voy contigo, voy con él.

2.

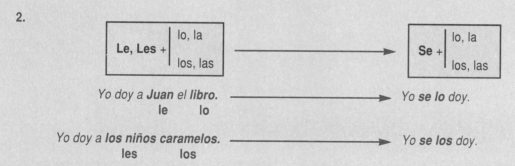

Los pronombres personales siempre van delante del verbo conjugado, en primer lugar el complemento indirecto y después el complemento directo.

3. En español suele repetirse el complemento indirecto de persona para dar énfasis o evitar equívocos.

*Yo **le** doy **a Juan** un cigarrillo.*

*Nosotros **les** damos **a ellos** las gracias.*

*Nosotros **les** traemos a **las niñas** chocolate.*

*¿**Le** puedo hacer **a usted** una pregunta?*

***Les** recomiendo **a ustedes** la especialidad de la casa.*

5. Utilice pronombres personales

Le doy *dinero* a mi amigo. — ***Le doy el dinero*** ⟶ ***Se lo doy.***

1. Yo les recomiendo *a ustedes* esta película. — ....
2. El camarero le trae *a Antonio* una cerveza. — ....
3. El profesor les dicta *a los alumnos* una frase. — ....
4. Nosotros les hacemos *a nuestros* padres un regalo. — ....
5. Les regalamos *a los niños* caramelos. — ....
6. Yo les doy *a ustedes* esta tarde la contestación — ....
7. María le regala *a su hermana* un disco. — ....
8. Esta tarde le traigo *a usted* el libro. — ....
9. La profesora les explica *a sus alumnas* el ejercicio. — ....
10. Le devuelvo *a María* el dinero. — ....

6. Conteste a la pregunta

¿Me prestas tu pluma? — ***Sí, te la presto.* / — *No, no te la presto.***

1. Papá, ¿nos dejas hoy tu coche?/*No.* — ....
2. ¿Me recomienda usted aquel restaurante?/*Sí.* — ....
3. ¿Nos vendéis vuestro coche?/*No.* — ....
4. ¿Me enciendes un cigarrillo?/*No.* — ....
5. ¿Nos das tu número de teléfono?/*Sí.* — ....
6. ¿Me enseñáis vuestra casa?/*Sí.* — ....
7. ¿Me traes el periódico?/*Sí.* — ....
8. ¿Nos dan ustedes mañana la contestación?/*Sí.* — ....
9. ¿Le dicta el señor García a su secretaria una carta?/*Sí.* — ....
10. ¿Os explica el profesor la gramática?/*Sí.* — ....

Pronombres personales

El profesor les explica la lección a los alumnos.
(Él) se la explica.

Él le pregunta al policía la dirección.
....

La abuela le lee a su nieta un cuento.
....

La madre le pone el abrigo a su hijo.
....

El vendedor nos envuelve el libro.
....

Yo le hago a la profesora una pregunta.
....

Ellos siempre le traen flores.
....

El niño le esconde la muñeca a su hermana.
....

Nosotros les recomendamos este hotel.
....

Mañana os devuelvo el dinero.
....

7. Conteste a la pregunta

¿Vienes conmigo a la ciudad?/*Sí.* — *Sí, voy contigo.*

1. ¿Podemos hablar *con usted* ?/*Sí.* — ....

2. ¿Es esta carta *para mí* ?/*No.* — ....

3. ¿Son *de ustedes* estos abrigos?/*Sí.* — ....

4. ¿Queréis trabajar *con nosotro*s?/*Sí.* — ....

5. ¿Es este paquete *para ti* ?/*Sí.* — ....

6. ¿Viven ellos debajo *de vosotros* ?/*Sí.* — ....

7. ¿Le pregunta *a usted* mucho el profesor ?/*No.* — ....

8. ¿Puedo ir *contigo* al cine ?/*Sí.* — ....

9. ¿Estáis enfadados *conmigo*?/*No.* — ....

10. ¿Piensa él siempre *en ella* ?/*Sí.* — ....

8. Complete la frase empleando *ser* o *estar*

1. ¿A qué hora .... el concierto? A las 7 de la tarde.

2. ¿Cómo .... usted? Gracias, ... bien.

3. ¿A qué hora .... (tú) hoy en casa?

4. El clima de este país .... continental.

5. ¿Dónde .... Santander? En el norte de España.

6. ¿Cómo .... tu ciudad? Muy grande.

7. Carlos .... resfriado.

8. ¿ .... muy lejos de aquí la estación?

9. La piscina .... detrás del hotel.

10. La puerta .... cerrada.

9. Complete el diálogo

Cliente: ¡Camarero, por favor! ¿Me .... la carta?

Camarero: Aquí la .... señor. ¿Qué desea .... de primero?

Cliente: No sé. ¿Qué me .... usted?

Camarero: Paella valenciana. Es la ....

Cliente: Bien, de acuerdo. De segundo voy a tomar ....

Camarero: Y de postre, ¿qué .... usted?

Cliente: Tarta de manzana y un café ....

Camarero: ¿Y para ....?, ¿vino tinto, blanco o rosado?

Cliente: Media .... de vino tinto.

LA BARRACA

ENTREMESES Y MARISCOS

Paté de la casa	780
Jamón Serrano	720
Ensalada Natural	300
Ensalada Barraca	420
Tosta de Champiñones	300
Cazuelita de Callos a la Madrileña	450
Cazuela de angulas a la Bilbaina	1.620
Sepia a la Plancha	430
Mejillones Barraca	450
Cazuela de Mejillones a la Marinera	480
Gambas a la plancha	660

SOPAS, CREMAS Y VERDURAS

Consomé al Jerez	325
Gazpacho Andaluz	250
Sopa de la Vieja Castilla	380
Sopa Levantina de Pescados y Mariscos	540
Crema de Cangrejos	675
Sopa de Cebolla	435
Espárragos de Tudela	720
Espinacas a la Crema	535

ARROCES

Paella Valenciana	960
Arroz Marinera	615
Arroz Abanda	550
Arroz con costra	550
Arroz con Pollo	550
Arroz con Jamón	600
Arroz Huertana	550
Arroz "amb fesols y naps"	660
Rosechat	840
Paella Reina	980

HUEVOS, PESCADOS Y CARNES

Huevos con cosas	580
Tortilla Española	480
Pincho de Rape con Langostinos	960
Chipirones Bilbaina	850
Zarzuela de Pescados y Mariscos	1.450
Pescado del día: Merluza, Lubina, Mero, Salmón o Lenguado	
Brocheta de Solomillo con salsa de Tuétano	960
Solomillo en Costrón	1.080
Madrileñas de Ternera	1.080
Cordero Asado, Burgalesa	975
Cazuela de Ternera estofada	1100
Jamoncitos de Pollo al Jerez	850
	730

POSTRES

Crema Catalana	315
Flan de Caramelo	210
Flan Barraca	210
Tartas Variadas	240
Brazo de gitano	240
Buñuelos de San Isidro	300
Soufflé Alaska	600
Todos los Helados	240
Cuajada con miel	180
Cesto de Frutas	310
Zumo de naranja	240
Queso	480

HAY HOJAS DE RECLAMACIONES A DISPOSICIÓN DEL CLIENTE

LA COMIDA

	BARRA	MESA

PINCHOS

Trucha ahumada ....
Salmón ahumado ....
Anchoas ahumadas ....
Caviar ....
Gambas con salsa rosa ....

Solomillo ....
Lomo de merluza ....

BOCADILLOS

Jamón ibérico ....
Lomo ibérico ....
Queso manchego ....
Salchichón ....
Chorizo ....
Tortilla ....
Jamón serrano ....
Pepito de ternera ....
Lomo a la plancha ....

¿Dónde vives?

Paco: ¿Dónde vives?

Andrés: Vivo en Francia, en París.

Paco: ¿Vives solo?

Andrés: No, con unos amigos.

Paco: Y tu familia ¿dónde vive?

Andrés: Mi familia vive en Burdeos, pero voy a verla casi todos los fines de semana. ¿Y tú?

Paco: Yo vivo en Madrid con unos primos. Mis padres viven en Roma y apenas los veo. Pero les escribo muy a menudo.

Andrés: Entonces, tú recibes muchas cartas, ¿verdad?

Paco: Sí, ¿y tú?

Andrés: Yo recibo pocas. No me gusta escribir.

Paco: Pues a mí me gusta muchísimo. Escribo, por lo general, cartas muy largas y a diario; así siempre tengo noticias.

Andrés: ¿Quién llama a la puerta?

Paco: Es el cartero. Todos los días me trae correo. Esta carta es de mis padres.

Andrés: ¿Qué te dicen en la carta?

Paco: Me dicen que están bien y que el mes próximo me vienen a ver.

Andrés: ¡Qué suerte!

Preguntas

1. ¿Dónde vive Andrés?
2. ¿Dónde vive Paco? ¿Vive solo?
3. ¿Con quién vive Andrés?
4. ¿Ve a menudo Andrés a su familia?
5. ¿A quién escribe Paco a menudo?
6. ¿Recibe Paco muchas cartas?
7. ¿Le gusta a Paco escribir cartas? ¿Y a Andrés? ¿Y a usted?
8. ¿Por qué le gusta a Paco escribir cartas?
9. ¿Qué le dicen a Paco sus padres en la carta?
10. ¿Qué prefiere usted? ¿Escribir o llamar por teléfono?

••• *Verbos en -ir: Presente de Indicativo*

ESQUEMA GRAMATICAL 1

abrir	(yo)	abr-o	escrib-o	viv-o	– o	
cubrir	(tú)	abr-es	escrib-es	viv-es	– es	
escribir	(él, ella, usted)	abr-e	escrib-e	viv-e	– e	
partir	(nosotros/as)	abr-imos	escrib-imos	viv-imos	– imos	
recibir	(vosotros/as)	abr-ís	escrib-ís	viv-ís	– ís	
subir	(ellos, ellas, ustedes)	abr-en	escri-ben	viv-en	– en	
vivir						

••• *Verbos en -ir: irregulares*

	Ir	Oír	Salir	Venir	Decir
(yo)	**voy**	**oigo**	**salgo**	**vengo**	**digo**
(tú)	**vas**	**oyes**	sales	**vienes**	**dices**
(él, ella, usted)	**va**	**oye**	sale	**viene**	**dice**
(nosotros/as)	**vamos**	**oímos**	salimos	venimos	decimos
(vosotros/as)	**vais**	**oís**	salís	venís	decís
(ellos, ellas, ustedes)	**van**	**oyen**	salen	**vienen**	**dicen**

NOTA: **ir + a**   **salir + de**   **venir + de**

Yo voy a la universidad.   *Yo salgo de la casa.*   *Yo vengo de casa.*

••• 1. Conjugue los verbos que están entre paréntesis

El tren .... (*salir*) a las 8 en punto.   – *El tren sale a las 8 en punto.*

1. Paco .... (*recibir*) muchas cartas.   – ....
2. Los bancos .... (*abrir*) a las nueve.   – ....
3. Ella .... (*venir*) mañana por la tarde.   – ....
4. Usted .... (*vivir*) en una calle muy tranquila.   – ....
5. Hoy nosotros .... (*ir*) con José al teatro.   – ....
6. Ellos siempre .... (*decir*) la verdad.   – ....
7. Yo .... (*oír*) todos los días la radio.   – ....
8. La madre les .... (*partir*) a los niños la tarta.   – ....
9. Vosotros .... (*salir*) a las 5 de la oficina.   – ....
10. Las nubes .... (*cubrir*) el cielo.   – ....

2. Conteste a la pregunta

¿A dónde vas?/*universidad.*   – *Voy a la universidad.*

1. ¿A dónde vais esta tarde?/*cine.*   – ....
2. ¿A qué hora va usted a la oficina?/*a las 7.*   – ....
3. ¿De dónde venís?/*playa.*   – ....
4. ¿A qué hora sale usted de clase?/*a las 12.*   – ....
5. ¿A dónde va usted ahora?/*Correos.*   – ....
6. ¿De dónde vienen ustedes?/*fútbol.*   – ....
7. ¿A qué hora salís del teatro?/*a las 10.*   – ....
8. ¿De dónde sale el tren para Santander?/*Estación del Norte.*   – ....
9. ¿A dónde van ustedes después de clase?/*casa.*   – ....
10. ¿De dónde viene este paquete?/*París.*   – ....

● *Verbos en -ir con cambio vocálico*

esQUEma GRAMAtica 2

1) e > i { 1.ª, 2.ª, 3.ª pers. sing. 3.ª pers. plur.

despedir	(yo)	despido
corregir	(tú)	despides
medir	(él, ella, usted)	despide
pedir	(nosotros/as)	despedimos
repetir	(vosotros/as)	despedís
reír	(ellos, ellas, ustedes)	despiden
servir		
vestir		

2) e > ie { 1.ª, 2.ª, 3.ª pers. sing. 3.ª pers. plur.

advertir	(yo)	advierto
divertir	(tú)	adviertes
consentir	(él, ella, usted)	advierte
preferir	(nosotros/as)	advertimos
sentir	(vosotros/as)	advertís
	(ellos, ellas, ustedes)	advierten

3) o > ue { 1.ª, 2.ª, 3.ª pers. sing. 3.ª pers. plur.

dormir	(yo)	duermo
morir	(tú)	duermes
	(él, ella, usted)	duerme
	(nosotros/as)	dormimos
	(vosotros/as)	dormís
	(ellos, ellas, ustedes)	duermen

3. Conjugue los verbos que están entre paréntesis

El bebé .... (*sentir*) el calor del verano.   — *El bebé siente el calor del verano.*

1. Juan les .... (*pedir*) dinero a sus padres.   — ....
2. Las películas de Charlot nos .... (*divertir*) mucho.   — ....
3. Él ....(*dormir*) siempre la siesta.   — ....
4. Ellos .... (*despedir*) a sus amigos.   — ....
5. La camarera nos .... (*servir*) la comida.   — ....
6. Yo .... (*preferir*) una cerveza.   — ....
7. La profesora .... (*corregir*) las faltas.   — ....
8. Los alumnos .... (*repetir*) la frase.   — ....
9. Su padre no le .... (*consentir*) salir por la noche.   — ....
10. El arquitecto .... (*medir*) los planos del edificio.   — ....

Pronombres personales y reflexivos

Sujeto	Complemento indirecto	Comp. directo	Formas tónicas con preposición	Reflexivo
(yo)	me	me	a, de, para, **mí**	me
(tú)	te	te	a, de, para, **ti**	te
(él, usted)	le (se)	(le) lo	a, de, para, **él, usted**	se
(ella, usted)	le (se)	la	a, de, para, **ella, usted**	se
(nosotros/as)	nos	nos	a, de, para, **nosotros/as**	nos
(vosotros/as)	os	os	a, de, para, **vosotros/as**	os
(ellos/ustedes)	les (se)	(les) los	a, de, para, **ellos, ustedes**	se
(ellas, ustedes)	les (se)	las	a, de, para, **ella, ustedes**	se

RECUERDE   Con + mí = conmigo   Con + ti = contigo

4. Conteste a la pregunta

¿Qué os piden ellos?/*ayuda.*   — *Nos piden ayuda.*

1. ¿De qué os reís?/*la película.*   — ....
2. ¿De dónde vienes?/*el teatro.*   — ....
3. ¿Qué siente usted ahora?/*mucho calor.*   — ....
4. ¿Dónde duermen ustedes hoy?/*el hotel.*   — ....
5. ¿A quién despiden el señor y la señora García?/*al invitado.*   — ....

4. Conteste a la pregunta (Continuación)

6. ¿Qué mides?/*la habitación.*   – ....

7. ¿De qué nos advierte él?/*el peligro.*   – ....

8. ¿Qué corrigen los alumnos?/*las faltas.*   – ....

5. Pronombres reflexivos

Yo me levanto a las 8 de la mañana./*Juan.*   – *Juan se levanta a las 8.*

1. María se lava con agua fría./*nosotros.*   – ....

2. Antonio se despierta muy temprano./*usted.*   – ....

3. Yo me ducho con agua caliente./*vosotros.*   – ....

4. Él se baña los sábados./*nosotros.*   – ....

5. Ellos se acuestan muy tarde./*ustedes.*   – ....

6. Carmen se peina./*yo.*   – ....

7. Yo me visto deprisa./*ellos.*   – ....

8. Yo me afeito por las mañanas./*Carlos.*   – ....

9. Los niños se desnudan solos./*la niña.*   – ....

10. Él se duerme enseguida./*Yo.*   – ....

6. Reflexivos y pronombres personales

Yo me lavo las manos.   – *Yo me las lavo.*

1. Él se afeita la barba.   – ....

2. Ellos se ponen los abrigos.   – ....

3. María se seca el pelo.   – ....

4. Nosotros nos quitamos los zapatos.   – ....

5. Usted se lava los dientes.   – ....

6. Carmen se pinta los ojos.   – ....

7. Vosotros os cortáis el pelo.   – ....

8. Los niños se lavan la cara.   – ....

9. El niño se moja las manos.   – ....

10. Usted se ensucia la ropa.   – ....

Pronombres reflexivos

Paco se levanta siempre de mal humor.
Yo ....

Carmen se despierta muy temprano.
Nosotros ....

Los niños se lavan las manos.
Vosotros ....

María se pinta las uñas.
Ella ....

Yo me lavo los dientes.
Usted ....

Nosotros nos acostamos a las 12.
Vosotros ....

Él se afeita por la mañana.
Tú ....

María se seca las manos.
Ustedes ....

Ellos se sientan en el jardín.
Nosotros ....

Nosotros nos quedamos hoy en casa.
Ellas ....

90

7. Conteste a la pregunta

¿Para quién es esta carta?/*usted.*   – *Esta carta es para usted.*

1. ¿De quién os reís?/*tú.*   – ....
2. ¿Con quiénes os citáis mañana?/*ellos.*   – ....
3. ¿De quién es este diccionario?/*ella.*   – ....
4. ¿Para quién es este paquete?/*vosotros.*   – ....
5. ¿Con quién van los niños al colegio?/*yo.*   – ....
6. ¿De quién habláis?/*tú.*   – ....
7. ¿Con quién te vas?/*él.*   – ....
8. ¿Por quién os preocupáis?/*ustedes.*   – ....
9. ¿Para quién es el reloj?/*yo.*   – ....
10. ¿A quién esperáis?/*ella.*   – ....

El verbo gustar

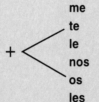

(A mi)	**me**		
(A ti)	**te**	gusta	*el cine/bailar* (singular)
(A él, a ella, a usted)	**le**		
+ (A nosotros/as)	**nos**		
(A vosotros/as)	**os**	gustan	*las flores/los animales* (plural)
(A ellos, a ellas, a ustedes)	**les**		

8. Conteste a la pregunta

¿Te gusta la música clásica?   – **Sí, (a mí) me gusta la música clásica.**
         – **No, (a mí) no me gusta la música clásica.**

1. ¿Le gusta a usted el fútbol?/*No.*   – ....
2. ¿Os gusta el verano?/*Sí.*   – ....
3. ¿Les gustan a ustedes los gatos?/*Sí.*   – ....
4. ¿Te gustan las flores?/*Sí.*   – ....
5. ¿Le gusta a ella bailar?/*No.*   – ....
6. ¿Te gustan los pasteles?/*Sí.*   – ....
7. ¿Os gusta ir al campo?/*Sí.*   – ....
8. ¿Les gusta a los niños el chocolate?/*Sí.*   – ....
9. ¿Les gusta a ustedes ver la televisión?/*No.*   – ....
10. ¿Os gustan los perros?/*Sí.*   – ....

9. Conteste a la pregunta

¿Qué te gusta?/*ir al cine.*   – *Me gusta ir al cine.*

1. ¿Qué os gusta?/*nadar en el mar.*   – ....
2. ¿Qué les gusta a ustedes?/*escalar las montañas.*   – ....
3. ¿Qué le gusta a su niño?/*el chocolate.*   – ....
4. ¿Qué os gusta a vosotros?/*el campo.*   – ....
5. ¿Qué le gusta a usted?/*ir a pasear.*   – ....
6. ¿Qué les gusta a Juan y Pedro?/*las chicas guapas.*   – ....
7. ¿Qué les gusta a tus padres?/*los conciertos.*   – ....
8. ¿Qué le gusta a vuestra hermana?/*las rosas.*   – ....
9. ¿Qué le gusta a usted?/*tomar el sol.*   – ....

10. Describa la imagen

- ¿Qué hace el señor López todos los días?
- ¿Qué hace usted todos los días?

¿Qué estás haciendo?

Preguntas

1. ¿Qué está haciendo Rafael?
2. ¿Qué pasa con el teléfono?
3. ¿Qué está estudiando Pepe este año?
4. Y Luis, ¿está estudiando todavía?
5. ¿Qué está preparando ahora Rafael?
6. ¿Sobre qué está escribiendo Felipe su memoria de licenciatura?
7. ¿Le queda a Felipe aún mucho para terminar el trabajo?
8. ¿Qué está haciendo ahora Felipe con el material?
9. ¿Cuándo quiere presentar Felipe su memoria de licenciatura?
10. ¿Qué le desea Rafael a Felipe?

• Verbo ESTAR + Gerundio

		• ar>ando	• er>iendo	• ir>iendo
(yo)	**estoy**			
(tú)	**estás**			
(él, ella, usted)	**está**			
(nosotros/as)	**estamos**	*trabaj-ando*	*com-iendo*	*escrib-iendo*
(vosotros/as)	**estáis**			
(ellos, ellas, ustedes)	**están**			

NOTA

a. Verbos en **-ir** con cambio vocálico en el presente, cambian también en el gerundio la **e** ⟶ **i** y la **o** ⟶ **u**.

decir	⟶	dic-**iendo**
pedir	⟶	pid-**iendo**
divertir	⟶	divir-**tiendo**
preferir	⟶	prefir-**iendo**
servir	⟶	s**i**rviendo
dormir	⟶	durm-**iendo**
morir	⟶	mur-**iendo**
poder	⟶	pud-**iendo**

ATENCIÓN:

b. Si el radical acaba en vocal, gerundio-**yendo**.

caer	⟶	ca-**yendo**
construir	⟶	constru-**yendo**
huir	⟶	hu-**yendo**
ir	⟶	**yendo**
leer	⟶	le-**yendo**
oír	⟶	o-**yendo**
traer	⟶	tra-**yendo**

1. Utilice la expresión Estar + gerundio

Él habla por teléfono.   — *Él está hablando por teléfono.*

1. Los niños duermen.   — ....
2. El tren llega a la estación.   — ....
3. Vosotros jugáis al tenis.   — ....
4. Ella sale de la habitación.   — ....
5. Tú escribes a máquina.   — ....
6. Nosotros nadamos en la piscina. — ....
7. Manuel toma un café.   — ....
8. Yo paseo por el parque.   — ....
9. Pepe va a la oficina.   — ....
10. Ella trabaja mucho.   — ....

Gerundio + Pronombres personales/reflexivos

1. *Está esperando el **autobús**:*

   a. ***Lo** está esperando.*
   b. *Está esperándo**lo**.*

2. *El profesor está explicando **la lección a los alumnos**:*

   a. *Él **se la** está explicando.*
   b. *Él está explicándo**sela**.*

3. *Juan **se** está lavando **las manos**:*

   a. *Él **se las** está lavando.*
   b. *Él está lavándo**selas**.*

2. Utilice los pronombres

Luis está leyendo *el periódico*.   — *Luis está leyéndolo./ — Luis lo está leyendo.*

1. Pilar está preparando la comida.   — ....
2. Nosotros estamos viendo la película. — ....
3. Ellos están saludando a los invitados. — ....
4. ¿Estáis comprando los billetes?   — ....
5. Los alumnos están corrigiendo las faltas. — ....
6. ¿Estás escuchando la radio?   — ....
7. Ella está limpiando la habitación.   — ....
8. ¿Está usted preparando el trabajo?   — ....
9. Antonio está pintando las ventanas.   — ....
10. ¿Están ustedes arreglando la casa?   — ....

3. Utilice los pronombres y el gerundio

Él le dicta a su secretaria una carta.

— *Él se la está dictando.*
— *Él está dictándosela.*

1. El profesor le pregunta la lección al alumno.   — ....
2. Yo me pongo el abrigo.   — ....
3. Antonio les enseña a sus amigos la ciudad.   — ....
4. Nosotros les escribimos una carta a nuestros padres. — ....
5. Los niños se lavan los dientes.   — ....
6. Nosotros le pedimos a usted un favor.   — ....
7. Marta se seca el pelo.   — ....
8. El camarero nos sirve la comida.   — ....
9. La abuela les cuenta un cuento a sus nietos.   — ....
10. Ellos nos enseñan la ciudad.   — ....

4. Conteste a la pregunta

¿Te estás vistiendo?

— *Sí, me estoy vistiendo/estoy vistiéndome.*
— *No, no me estoy vistiendo/no estoy vistiéndome.*

1. ¿Se está usted divirtiendo?/*No.*   — ....
2. ¿Os estáis durmiendo?/*Sí.*   — ....
3. ¿Se están ustedes aburriendo?/*No.*   — ....
4. ¿Está Juan bañándose?/*Sí.*   — ....
5. ¿Está Carmen pintándose las uñas?/*Sí.*   — ....
6. ¿Están los niños lavándose los dientes?/*No.*   — ....
7. ¿Está usted afeitándose?/*Sí.*   — ....
8. ¿Están ellos duchándose?/*Sí.*   — ....
9. ¿Están ustedes preparándose para el examen?/*Sí.* — ....
10. ¿Te estás limpiando los zapatos?/*Sí.*   — ....

Verbos irregulares: 1ª persona singular
c ➝ zc

conocer	(yo)	conozco
crecer	(tú)	conoces
conducir	(él, ella, usted)	conoce
introducir	(nosotros/as)	conocemos
obedecer	(vosotros/as)	conocéis
ofrecer	(ellos, ellas, ustedes)	conocen
producir		
traducir		

El gerundio

Rosa se mira al espejo. ¿Qué está haciendo Rosa?
Se está mirando al espejo.

Pedro se levanta de la cama.
¿Qué está haciendo Pedro?
....

Ellos se bañan en el mar. ¿Qué están haciendo?
....

Nosotros nos ponemos el abrigo.
¿Qué estáis haciendo?
....

El alumno le abre la puerta al profesor.
¿Qué está haciendo el alumno?
....

Pedro le ofrece a su amigo un cigarrillo.
¿Qué está haciendo Pedro?
....

Yo llamo por teléfono a mis primos.
¿Qué está haciendo usted?
....

Mercedes saluda a sus invitados.
¿Qué está haciendo Mercedes?
....

● *Adjetivos y pronombres posesivos*

Adjetivos

		Singular		Plural	
(yo)	Masculino	**mi**	*libro*	**mis**	*libros*
	Femenino	**mi**	*camisa*	**mis**	*camisas*
(tú)	Masculino	**tu**	*libro*	**tus**	*libros*
	Femenino	**tu**	*camisa*	**tus**	*camisas*
(él, ella, usted)	Masculino	**su**	*libro*	**sus**	*libros*
	Femenino	**su**	*camisa*	**sus**	*camisas*
(nosotros/as)	Masculino	**nuestro**	*libro*	**nuestros**	*libros*
	Femenino	**nuestra**	*camisa*	**nuestras**	*camisas*
(vosotros/as)	Masculino	**vuestro**	*libro*	**vuestros**	libros
	Femenino	**vuestra**	*camisa*	**vuestras**	camisas
(ellos, ellas, ustedes)	Masculino	**su**	*libro*	**sus**	*libros*
	Femenino	**su**	*camisa*	**sus**	*camisas*

Pronombres

		Singular	Plural	Singular	Plural
(yo)	Masculino	**el mío**	**los míos**	**mío**	**míos**
	Femenino	**la mía**	**las mías**	**mía**	**mías**
(tú)	Masculino	**el tuyo**	**los tuyos**	**tuyo**	**tuyos**
	Femenino	**la tuya**	**las tuyas**	**tuya**	**tuyas**
(él, ella, usted)	Masculino	**el suyo**	**los suyos**	**suyo**	**suyos**
	Femenino	**la suya**	**las suyas**	**suya**	**suyas**
(nosotros/as)	Masculino	**el nuestro**	**los nuestros**	**nuestro**	**nuestros**
	Femenino	**la nuestra**	**las nuestras**	**nuestra**	**nuestras**
(vosotros/as)	Masculino	**el vuestro**	**los vuestros**	**vuestro**	**vuestros**
	Femenino	**la vuestra**	**las vuestras**	**vuestra**	**vuestras**
(ellos, ellas, ustedes)	Masculino	**el suyo**	**los suyos**	**suyo** ‹	**suyos**
	Femenino	**la suya**	**las suyas**	**suya**	**suyas**

5. Cambie el sujeto

Él les ofrece una taza de café./yo.   — *Yo les ofrezco una taza de café.*

1. Él conduce muy bien./*tú.*   — ....
2. Ellos introducen la llave en la cerradura./yo   — ....
3. Ella traduce un libro./*yo.*   — ....
4. El niño crece rápidamente./*los niños.*   — ....
5. Ella no conoce París./*yo.*   — ....
6. Vosotros producís mucho vino./*nosotros.*   — ....
7. Este árbol no crece./*mis plantas.*   — ....
8. Ella conduce muy deprisa./*ustedes.*   — ....

6. Utilice un pronombre posesivo

Este es mi jersey.   — *Este es el mío/es mío.*

1. Esta es nuestra casa.   — ....
2. Estos son vuestros cigarrillos.   — ....
3. Aquellas son sus bicicletas.   — ....
4. Esa es tu corbata.   — ....
5. Estos son sus bolsos.   — ....
6. Aquellos son mis zapatos.   — ....
7. Esas son mis maletas.   — ....
8. Aquel es su coche.   — ....

7. Conteste con un pronombre posesivo

¿Es este tu cuaderno?   — *Sí, es el mío/es mío.*

1. ¿Es aquel vuestro coche?   — ....
2. ¿Es esta su maleta, señor López?   — ....
3. ¿Es este mi libro?   — ....
4. ¿Son estos nuestros paraguas?   — ....
5. ¿Son de ustedes estos sombreros?   — ....
6. ¿Es esta tu habitación?   — ....
7. ¿Es de María esta toalla?   — ....
8. ¿Son estos sus guantes, señora García?   — ....

Pronombres posesivos

¿Es moderna vuestra casa?
Sí, nuestra casa es moderna.

¿Gasta mucha gasolina tu coche?
Sí, ...

¿Tiene muchas industrias su país?
Sí, ...

¿Fuma mucho tu marido?
Sí, ...

¿Es muy elegante su abrigo?
Sí, ...

¿Está estropeado nuestro coche?
Sí, ...

¿Sus maletas pesan mucho?
Sí, ...

¿Vuestra profesora es muy simpática?
Sí, ...

¿Están rotas tus gafas?
Sí, ...

¿Su secretaria es muy trabajadora?
Sí, ...

- ¿Qué están haciendo estas personas?

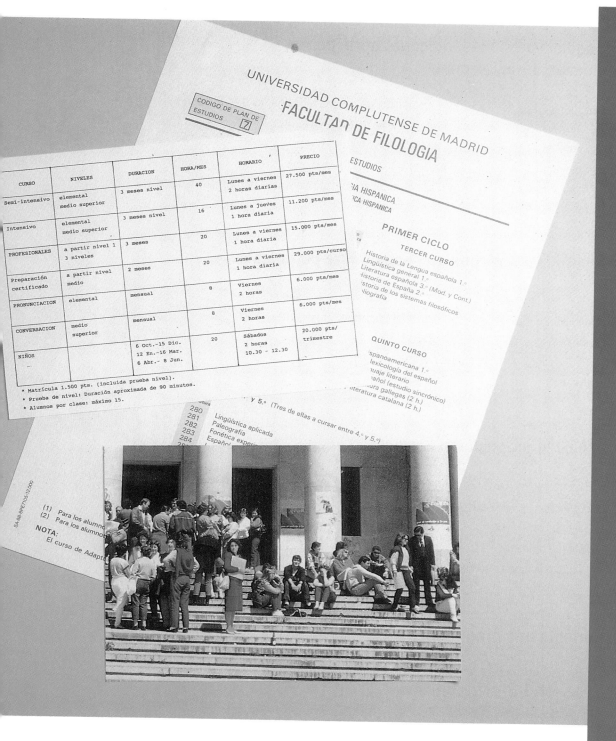

UNIVERSIDAD COMPLUTENSE DE MADRID

FACULTAD DE FILOLOGIA

CODIGO DE PLAN DE ESTUDIOS 7

CURSO	NIVELES	DURACION	HORA/MES	HORARIO	PRECIO
Semi-intensivo	elemental medio superior	3 meses nivel	40	Lunes a viernes 2 horas diarias	27.500 pts/mes
Intensivo	elemental medio superior	3 meses nivel	16	Lunes a jueves 1 hora diaria	11.200 pts/mes
PROFESIONALES	a partir nivel 1 3 niveles	3 meses	20	Lunes a viernes 1 hora diaria	15.000 pts/mes
Preparación certificado	a partir nivel medio	2 meses	20	Lunes a viernes 1 hora diaria	29.000 pts/curso
PRONUNCIACION	elemental	mensual	8	Viernes 2 horas	6.000 pts/mes
CONVERSACION	medio superior	mensual	8	Viernes 2 horas	6.000 pts/mes
NIÑOS		6 Oct.-15 Dic. 12 En.-16 Mar. 6 Abr.- 8 Jun.	20	Sábados 2 horas 10.30 - 12.30	20.000 pts/ trimestre

* Matrícula 1.500 pts. (incluida prueba nivel).
* Prueba de nivel: Duración aproximada de 90 minutos.
* Alumnos por clase: máximo 15.

ESTUDIOS

IA HISPANICA
CA HISPANICA

PRIMER CICLO
TERCER CURSO

Historia de la Lengua española 1.º
Lingüística general 1.º
Literatura española 3.º (Mod. y Cont.)
Historia de España 2.º
Historia de los sistemas filosóficos
liografía

QUINTO CURSO

spanoamericana 1.º
lexicología del español
uaje literario
añol (estudio sincrónico)
ura gallegas (2 h.)
teratura catalana (2 h.)

y 5.º (Tres de ellas a cursar entre 4.º y 5.º)

280 Lingüística aplicada
281 Paleografía
282 Fonética experi
283 Español
284

(1) Para los alumno
(2) Para los alumno

NOTA:
El curso de Adapta

TEST DE EVALUACIÓN 2 (Lecciones 6 a 10)

I. Ponga el verbo más indicado: abrir, cerrar, empezar, durar, terminar

1. ¿A qué hora .... los bancos por las mañanas? A las 9.
2. ¿A qué hora .... el concierto? A las 7 en punto.
3. ¿Cuánto .... la película? Dos horas y media.
4. ¿Cuándo .... la clase? Dentro de 10 minutos.
5. ¿A qué hora .... las discotecas por las noches? A las 4 de la madrugada.

II. Conjugue los verbos que están entre paréntesis

1. ¿Qué partido político .... (gobernar) en este país?
2. Él ya no se .... (acordar) de nosotros.
3. ¿De qué te .... (reír)?
4. ¿........................... (entender) usted la pregunta?
5. ¿Cuánto .... (medir) tú?

III. Utilice la preposición correcta

1. Esta noche vamos .... la ópera .... nuestro jefe.
2. Él sale .... la oficina .... las cinco .... la tarde.
3. Este paquete viene .... París.
4. ¿Me puedo sentar .... esta silla?
5. ¿Cuánto tiempo te quedas .... Madrid?

IV. Formule una pregunta

1. Este paquete es *para usted*.   ....
2. Hoy vamos al teatro *con nuestros padres*.   ....
3. Él piensa siempre *en ella*.   ....
4. Los padres se preocupan *por sus hijos*.   ....
5. Nosotros nos reímos *de ti*.   ....

V. Sustituya el sustantivo por un pronombre personal

1. Nosotros les recomendamos a ustedes *este hotel.* ....
2. Mañana te devuelvo *las 1.000 pesetas.* ....
3. Por favor, ¿me puede repetir *la pregunta?* ....
4. Él siempre nos cuenta *sus problemas.* ....
5. Os quiero enseñar *mi nueva casa.* ....

VI. Utilice el pronombre reflexivo correcto

1. ¿A qué hora .... levanta usted por las mañanas?
2. Después de comer .... lavo los dientes.
3. ¿............. duchas siempre con agua fría?
4. ¿Dónde .... sentamos? ¿En el jardín o en la terraza?
5. ¿Cuánto tiempo .... quedáis en España?

VII. Diga lo contrario

1. Ella se *quita* el abrigo. ....
2. Los niños se *desnudan* solos. ....
3. Nosotros nos *acostamos* muy tarde. ....
4. La niña se *moja* las manos. ....
5. Tú te *despiertas* enseguida. ....

VIII. ¿Ser o estar?

1. Él .... hablando por teléfono con su familia.
2. Este problema económico .... muy complicado.
3. Nuestro coche .... aparcado en aquella calle.
4. ¿ .... usted enfadado con nosotros?
5. Estas manzanas no .... aún maduras.

¿Qué podemos hacer?

Carlos: ¿Qué podemos hacer hoy? ¿Tienes algún plan?

Mercedes: No, no tengo ninguno.

Carlos: ¿Quieres ir a bailar a alguna discoteca?

Mercedes: No, ya sabes que no me gustan las discotecas. Hay mucho ruido, mucho humo y no se puede charlar ni oír música tranquilamente.

Carlos: ¿Vamos entonces a cenar a algún restaurante chino?

Mercedes: Hoy es sábado y mucha gente sale a cenar por ahí, y si no tenemos ninguna mesa reservada, seguro que no encontramos sitio en ningún lado. ¿Por qué no vamos a visitar a Pepe y a Luisa?

Carlos: ¡Buena idea! Voy a llamarlos ahora mismo para ver si están en casa.

Pepe: ¡Dígame! ¿Quién está al aparato?

Carlos: ¡Hola! Pepe, soy yo, Carlos. ¿Qué vais a hacer esta tarde?

Pepe: Esta tarde tenemos que quedarnos en casa y trabajar para nuestro examen. ¿Y vosotros?

Carlos: Por ahora no pensamos hacer nada.

Pepe: Entonces, ¿por qué no nos hacéis una visita y tomamos algo juntos? ¿Qué te parece el plan?

Carlos: Pero, ¿no tenéis que estudiar? No queremos molestaros.

Pepe: Vosotros nunca molestáis, además es bueno tomarse de vez en cuando algún descanso, ¿no?.

Carlos: ¡Por supuesto! Entonces, hasta dentro de un rato.

Pepe: ¡Hasta ahora!

Preguntas

1. ¿Tiene Mercedes algún plan para esta tarde?
2. ¿Por qué no quiere ir a bailar a una discoteca?
3. ¿Por qué no quiere ir a cenar a un restaurante?
4. ¿Pueden encontrar Carlos y Mercedes alguna mesa libre en el restaurante hoy sábado?
5. ¿Qué le propone Mercedes a Carlos?
6. ¿Qué van a hacer Pepe y Luisa esta tarde?
7. ¿Qué le propone Pepe a Carlos?
8. ¿Qué le parece a Carlos el plan?
9. ¿Es bueno tomarse de vez en cuando algún descanso?
10. ¿Tiene usted algún plan para mañana?

Verbo IR + a + Infinitivo

(yo)	**voy**		**cenar**	a algún restaurante.
(tú)	**vas**		**bailar**	a alguna discoteca.
(él, ella, usted)	**va**		**nadar**	a la piscina.
(nosotros/as)	**vamos**	**+ a +**	**visitar**	a nuestros primos.
(vosotros/as)	**vais**		**veranear**	a Galicia.
(ellos, ellas, ustedes)	**van**		**saludar**	a sus invitados.

1. Conteste a la pregunta

¿A quién vas a visitar esta tarde?/*mi tío.*   —   *Voy a visitar a mi tío.*

1. ¿Qué va a tomar usted de primero?/*una ensalada mixta.*   — ....
2. ¿Qué coche vais a comprar?/*un deportivo.*   — ....
3. ¿Qué van a ver ustedes?/*una obra de arte.*   — ....
4. ¿A dónde vais a ir mañana?/*la playa.*   — ....
5. ¿A quién vas a llamar por teléfono?/*mi padre.*   — ....
6. ¿Qué vamos a tomar de bebida?/*vino de la casa.*   — ....
7. ¿A dónde va a veranear usted?/*la costa.*   — ....
8. ¿A quién vais a ver esta tarde?/*Antonio.*   — ....
9. ¿Dónde va a comer usted hoy?/*casa.*   — ....
10. ¿Dónde van a dormir ustedes esta noche?/*un hotel.*   — ....

¿Qué vas a hacer esta tarde?/*ir al cine.*   – *Esta tarde voy a ir al cine.*

1. ¿Qué van a hacer ustedes mañana?/*visitar la ciudad.*   – ....
2. ¿Qué vais a hacer hoy?/*quedarse en casa.*   – ....
3. ¿Qué van a hacer ellos ahora?/*ir de compras.*   – ....
4. ¿Qué va a hacer usted después de comer?/*dormir la siesta.*   – ....
5. ¿Qué vamos a hacer ahora?/*corregir los ejercicios.*   – ....
6. ¿Qué va a hacer Pilar mañana?/*ir de excursión.*   – ....
7. ¿Qué vais a hacer después de cenar?/*ir a bailar.*   – ....
8. ¿Qué va a hacer usted hoy por la mañana?/*solucionar unos asuntos.*   – ....
9. ¿Qué vamos a hacer después de clase?/*divertirse en una discoteca.*   – ....
10. ¿Qué va a hacer él antes de comer?/*ducharse y afeitarse.*   – ....

• • • *Verbo + Infinitivo*

Querer	(yo)	quiero		
Deber	(tú)	quieres		
Desear	(él, ella, usted)	quiere		
Esperar	(nosotros/as)	queremos	**+ ir +**	este verano a España.
Pensar	(vosotros/as)	queréis		
Poder	(ellos, ellas, ustedes)	quieren		
Preferir				

• • • *Verbo + Infinitivo + Pronombre personal / reflexivo*

1. *Él quiere comprar la casa:*
   a. *Él la quiere comprar.*
   b. *Él quiere comprarla.*

2. *Yo le quiero comprar a mi madre un bolso:*
   a. *Yo se lo quiero comprar.*
   b. *Yo quiero comprárselo.*

3. *Yo me quiero comprar unos zapatos:*
   a. *Yo me los quiero comprar.*
   b. *Yo quiero comprármelos.*

Infinitivo+Pronombre personal/Reflexivo

Nosotros queremos visitar a nuestros amigos.
Nosotros queremos visitarlos.
Los queremos visitar.

Ella se va a cortar el pelo.
Ella ....

Él no se puede comprar un coche deportivo.
....

¿Me quiere usted dar el abrigo?
....

¿Me puedes prestar 1.000 pesetas?
....

¿Pensáis compraros esta casa?
....

Ustedes nos pueden mandar el paquete por avión.
....

Ellos le van a regalar a su hijo una bicicleta.
....

Me quiero lavar las manos.
....

¿Te vas a poner el vestido largo?
....

3. Conteste a la pregunta

¿Quieres ir al cine?

— *Sí, quiero ir al cine.*
— *No, no quiero ir al cine.*

1. ¿Os gusta ir al teatro?/*Sí.* — ....
2. ¿Deseas tener mucho dinero?/*Sí.* — ....
3. ¿Podemos hacer el viaje?/*No.* — ....
4. ¿Prefieren ustedes tomar una taza de café?/*Sí.* — ....
5. ¿Esperas aprobar el examen?/*No.* — ....
6. ¿Piensa usted ir este verano al extranjero?/*Sí.* — ....
7. ¿Quieres ir a bailar esta tarde?/*No.* — ....
8. ¿Prefiere usted bañarse en el mar?/*Sí.* — ....
9. ¿Desea usted hablar con el director?/*Sí.* — ....
10. ¿Piensan ellos quedarse esta tarde en casa?/*No.* — ....

4. Conteste a la pregunta

¿Quieres comprarte este abrigo?

— *Sí, quiero comprármelo.*
— *Sí, me lo quiero comprar.*

1. ¿Desean ustedes comprarse la casa?/*Sí.* — ....
2. ¿Va a cortarse usted el pelo?/*No.* — ....
3. ¿Desean probarse ustedes estos zapatos?/*No.* — ....
4. ¿Puedes plancharme la camisa?/*Sí.* — ....
5. ¿Van a alquilar ellos un apartamento?/*No.* — ....
6. ¿Esperáis aprobar el examen?/*Sí.* — ....
7. ¿Vas a visitar esta tarde a tus primos?/*Sí.* — ....
8. ¿Quiere probarse usted esta chaqueta?/*Sí.* — ....
9. ¿Desea comprarse ella un abrigo de piel?/*Sí.* — ....
10. ¿Me pueden reservar ustedes la habitación?/*No.* — ....

●● Pronombres indefinidos

1. Personas

Afirmativo: **Alguien**
 *¿Hay **alguien** en casa?*

Negativo: **Nadie** (*)
 *No hay **nadie** en casa*

2. Cosas

Afirmativo: **Algo**
 *¿Comprendes **algo**?*

Negativo: **Nada** (*)
 *No comprendo **Nada**.*

NOTA:

(*) Con la forma negativa es necesario anteponer al verbo otra partícula negativa:

~~comprendo nada~~ ➞ **No** comprendo nada

● Adjetivos y pronombres indefinidos

	Adjetivos		Pronombres	
	Afirmativo	Negativo	Afirmativo	Negativo
Singular	**Algún/Alguna**	**Ningún/Ninguna**	**Alguno/alguna**	**Ninguno/Ninguna**
Plural	**Algunos/Algunas**	**Ningunos/Ningunas**	**Algunos/Algunas**	**Ningunos/Ningunas**

*¿Hay aquí **algún** restaurante alemán?*
 — *Sí, aquí hay **alguno**.*
 — *No, aquí **no** hay **ninguno**.*

*¿Tiene usted **alguna** pregunta?*
 — *Sí, tengo **alguna**.*
 — *No, **no** tengo **ninguna**.*

*¿Compramos **algunos** caramelos?*
 — *Sí, compramos **algunos**.*
 — *No, **no** compramos **ninguno**.*

NOTA: **Alguno y ninguno** pierden la **-o** delante de sustantivos masculinos en singular. Las formas **ningunos/ningunas** apenas se utilizan.

5. Conteste negativamente

Viene *alguien* esta tarde?   — *No, no viene nadie.*

1. ¿Quieres comer *algo*?   — ....
2. ¿Podéis hacer *algo*?   — ....
3. ¿Ve usted a *alguien*?   — ....
4. ¿Hay *alguien* en el jardín?   — ....
5. ¿Pregunta *alguien* por mí?   — ....
6. ¿Hace él *algo*?   — ....
7. ¿Conoces a *alguien*?   — ....
8. ¿Quiere usted decir *algo*?   — ....
9. ¿Sabe *alguien* el número de teléfono de Pedro?   — ....
10. ¿Saben ustedes *algo*?   — ....

6. Conteste negativamente

¿Tienes *algún* periódico español?
    — *No, no tengo ningún periódico español.*
    — *No, no tengo ninguno.*

1. ¿Tenéis *algún* problema?   — ....
2. ¿Hay *alguna* cerveza en la nevera?   — ....
3. ¿Compráis *algunos* tomates para la ensalada?   — ....
4. ¿Tienes hoy *alguna* visita?   — ....
5. ¿Me puedes prestar *alguna* corbata?   — ....
6. ¿Hay aquí *algún* hotel barato?   — ....
7. ¿Hay *alguna* carta para mí?   — ....
8. ¿Quieres ver *alguna* película francesa?   — ....
9. ¿Me puede prestar *algún* bolígrafo rojo?   — ....
10. ¿Tienen ustedes *algunos* amigos en esta ciudad?   — ....

Pronombres indefinidos

¿Hay alguien en la habitación?
No, no hay nadie.

¿Tienes algo de dinero?
No, no tengo nada de dinero.

¿Hay alguna carta para mí?
....

¿Oyes algo?
....

¿Hay algún asiento libre?
....

¿Hace él algo?
....

¿Queda alguna cerveza en la nevera?
....

¿Quiere usted algo de beber?
....

¿Se está bañando alguien en el mar?
....

¿Comprende usted algo de japonés?
....

113

Partitivos

Algo de ¿Quieres **algo de** fruta? ¿Queda **algo de** queso?
Nada de No, no quiero **nada de** fruta. No, no queda **nada de** queso.

••• 7. Conteste negativamente

¿Hay *algo* de fruta en la nevera? — ***No, no hay nada de fruta.***

1. ¿Quieres *algo* de beber? — ....

2. ¿Queda *algo* de pan? — ....

3. ¿Puedes decirme *algo* del asunto? — ....

4. ¿Comprende usted *algo* de español? — ....

5. ¿Vas a comprar *algo* de fruta? — ....

6. ¿Me puedes prestar *algo* de dinero? — ....

7. ¿Nos puede usted dar *algo* de comer? — ....

8. ¿Sabes *algo* de Pedro? — ....

9. ¿Tenéis *algo* de tiempo? — ....

10. ¿Comprende usted *algo* del texto? — ....

••• *Pronombres / adjetivos / adverbios negativos*

1. ***No*** *me quiere ayudar **nadie.***
   No *me interesa **nada** de aquí.*
   No *hay **ninguna** solución para esto.*
   No *está **nunca** en casa.*

2. ***Nadie*** *me quiere ayudar.*
   Nada *de aquí me interesa.*
   Ninguna *solución hay para esto.*
   Nunca *está en casa.*

En español hay doble negación cuando el pronombre, adjetivo o adverbio negativo van detrás del verbo.

Cuando empezamos por el pronombre, adjetivo, o adverbio negativo, desaparece el **no**.

8. Suprima el *no* y cambie el orden

Él no escribe *nunca*. — ***Él nunca escribe.***

1. No hay *ningún* asiento libre. — ....
2. No contesta *nadie*. — ....
3. Ella no saluda a *nadie*. — ....
4. Vosotros no llegáis *nunca* puntualmente. — ....
5. No hay *ninguna* ventana abierta. — ....
6. No se está bañando *nadie*. — ....
7. No podemos hacer *nada*. — ....
8. No le interesa *nada*. — ....
9. No nos quiere ayudar *ninguna* persona. — ....
10. No tiene *nunca* tiempo. — ....

9. Complete el diálogo

Juan: Hoy a las 12 .... una conferencia sobre Pablo Neruda. ¿Te apetece .... ?

Carmen: No, hoy .... muy buen día y prefiero .... por el parque.

Juan: De acuerdo. ¿Y qué .... hacer después de comer?

Carmen: Primero, podemos .... la exposición de cerámica en el Centro Asturiano y a las 8 .... al concierto de jazz en el Centro Cultural "Parque Norte".

Juan: No me .... el jazz. .... ver alguna obra de teatro.

Carmen: Entonces, ... ir al Centro Cultural "Blas de Otero". Ponen una obra de Juan Polo Barrera.

Juan: ¿ .... ? ¿Cómo se .... la obra?

Carmen: "Ejercicio de amor en el Guiñol". Los críticos hablan .... de ella.

Juan: Estupendo, ya .... plan para esta tarde.

CONVOCATORIAS

12.00
—**Conferencia.** *Pablo Neruda, en España*, a cargo de Irma González. Biblioteca Municipal. Casa de la Cultura Móstoles (Madrid).

16.00
—**Cine.** *Der Postmeister*, de Gustav Ucicky. Dentro del ciclo de Cine austriaco que se celebra en la Filmoteca Nacional. Proyecciones en las salas del Círculo de Bellas Artes y Museo Español de Arte Contemporáneo.
—**Teatro.** *Historias de la ventana*, a cargo del Grupo Infantil Cachivache. Auditorio del Centro Cultural de la Villa de Madrid. Plaza de Colón.

16.30
—**Teatro.** *Pinocho*, de Carlo Collodi, a cargo del Grupo de Teatro Espacio Cero. Teatro Martín. Santa Brígida, 3.
—**Cine infantil.** *El burrito Bim y El pilluelo*. Sala II del Centro Cultural de la Villa de Madrid. Plaza de Colón.

17.30
—**Acto público** sobre *Análisis y reflexión de la visita del Papa a España*. Organiza la Coordinadora de Cristianos de Madrid. Parroquia de Santo Tomás de Aquino. Ciudad Universitaria.

18.00
—**Música.** *Festival de música* a cargo de la Agrupación de Gaiteros Zamoranos. Casa de Zamora. Tres Cruces, 12
—**Cine.** Proyección de una película de cine antibélico y coloquio abierto sobre *La base de Torrejón y sus peligros*. Asociación por la Paz y el Desarme. Sirira, 20-3º.
—**Conferencia.** *Primera conferencia nacional de ciencia de la salud*, a cargo de T. Soriano. Salón de actos del Círculo de la Unión Mercantil e Industrial de Madrid. Gran Vía, 24.
—**Música.** *Concierto* a cargo de la Orquesta de Instrumentos Españoles de Gaspar Sanz. Edificio Philips. Martínez Villergas, 2.
—**Exposición.** Inauguración de la exposición de vajillas y objetos decorativos de la fábrica de loza San Claudio, de Oviedo. Centro Asturiano de Madrid. Arenal, 9.
—**Teatro.** *Els pastorets*, a cargo del Grupo Escénico Santiago Rusiñol. Círculo Catalán. Plaza de España, 6

19.00
—**Debate** sobre *Juguetes bélicos*. Ateneo Libertario Puente de Toledo. Hermanos Del Moral, 28.
—**Charla teórico-práctica** sobre *Tai-chi*, a cargo del profesor Ignacio Cáliz. Impulso. Calle de la Unión, 1.
—**Mesa redonda** sobre *Qué juguete para qué*

La Expectación del Parto de la Santísima Virgen; san Víctor, mártir. Mañana, domingo, santos Nemesio, Darío, Timoteo, mártires; san Gregorio, obispo. El Sol salió hoy a las 8.33 y se pondrá a las 17.50. Mañana saldrá a las 8.33 y se pondrá a las 17.50. La Luna salió hoy a las 11.00 y se pondrá a las 20.30. Su fase actual es la de luna nueva.

Romeu

sociedad. Dentro de las Jornadas contra el juguete bélico y sexista que se celebran, organizadas por el Colectivo de Pedagogía noviolenta. Cuartel del Conde Duque. Santa Cruz de Marcenado, s/n.

19.20
—**Cine.** Proyección del corto *Na-Narana*, de Juan Pablo Ocal. Dentro de los actos de la 4ª Semana de Cine Español que se celebra, organizada por la Junta Municipal de Carabanchel. Cine Salaberry. General Ricardos, 54.

19.30
—**Música.** *Recital* a cargo de Juan Antonio

Muriel. Ateneo Libertario de Villaverde. Santa Cristina, 1
—**Música.** *Recital* a cargo del Grupo de Folk Muérdago. Colegio Mayor Loyola. Paseo de Juan XXIII, s/n. Ciudad Universitaria.

19.45
—**Cine.** *Vida perra*, de Javier Aguirre. Dentro de los actos de la 4ª Semana de Cine Español que se celebra, organizada por la Junta Municipal de Carabanchel. Cine Salaberry. General Ricardos, 54.

20.00
—**Teatro.** *Ejercicios de amor en el gran guiñol*, de Juan Polo Barrera, a cargo del Grupo de Teatro Independiente Apariencias. Centro Cultural Blas de Otero. Amós de Escalante, 4.
—**Tertulia** sobre *Hacia una nueva concepción del matrimonio*, a cargo de Luis Vela. Aula de Educación, Salud y Cultura ADESYC, de Teddy-Bear. Conde de las Posadas, 5. La Piovera.
—**Música.** Actuación de Arco Iris y Metal Exprés. Dentro de los actos que se celebran con motivo del Festival de Jazz organizado por el Centro Cultural Parque Norte. Organizan la Junta Municipal de Fuencarral y la Delegación de Cultura del Ayuntamiento de Madrid. Centro Cultural Parque Norte. Arzobispo Morcillo, s/n.
—**Música.** *Concierto* a cargo de la Coral Jeiki, de Leiza. Iglesia de San Fermín de los Navarros. Paseo de Eduardo Dato, 10.
—**Conferencia.** *Entre la guerra y la mística*, a cargo de José A. Livraga. Nueva Acrópolis. Gran Vía, 22.

22.00
—**Cine.** *Leise flehen meine lieder*, de Willi Forst. Dentro del ciclo de Cine austriaco que se celebra en la Filmoteca Nacional. Proyecciones en las salas del Círculo de Bellas Artes y Museo Español de Arte Contemporáneo.

23.00
—**Música.** *Festival de jazz*, a cargo de Neobop y Tatsuo Aoki Group. Colegio Mayor San Juan Evangelista. Ciudad Universitaria.

24.00
—**Cine.** *Viaje al más allá*, de Sebastián d'Arbó; *Más allá del terror*, de Tomás Aznar; *Nous*, de José Antonio Ramos, y *Sobrenatural*, de Eugenio Martín. Dentro de los actos de la 4ª Semana de Cine Español que se celebra, organizada por la Junta Municipal de Carabanchel. Cine Salaberry. General Ricardos, 54.

En el médico

Enfermera: ¡Pase, por favor!

Médico: ¡Buenas tardes! Tome asiento y dígame qué le pasa.

Carlos: No me encuentro bien, me duele el estómago y la garganta. También tengo dolor de cabeza.

Médico: Bueno, vamos a ver, túmbese aquí. Primero voy a tomarle el pulso. Súbase la manga de la camisa y déme la mano izquierda.

Carlos: Doctor, me duele mucho el estómago, sobre todo después de comer.

Médico: Ahora quítese la camisa y respire profundamente. No se ponga nervioso ¡Relájese!

Carlos: ¿Es algo grave, doctor? Estoy bastante preocupado.

Médico: No, no es nada grave. Usted tiene agotamiento físico. Trabaja demasiado. No trabaje tanto, lleve una vida tranquila y descanse. Si es posible, échese la siesta de vez en cuando.

Carlos: ¿Puedo seguir fumando, doctor?

Médico: ¡No! No fume ni beba nada de alcohol.

Carlos: ¿Tengo que seguir alguna dieta?

Médico: Sí, no tome grasas ni comidas fuertes. Le voy a recetar unas pastillas para hacer bien la digestión. Venga por aquí la semana próxima.

Carlos: Muchas gracias por todo. Hasta la semana que viene.

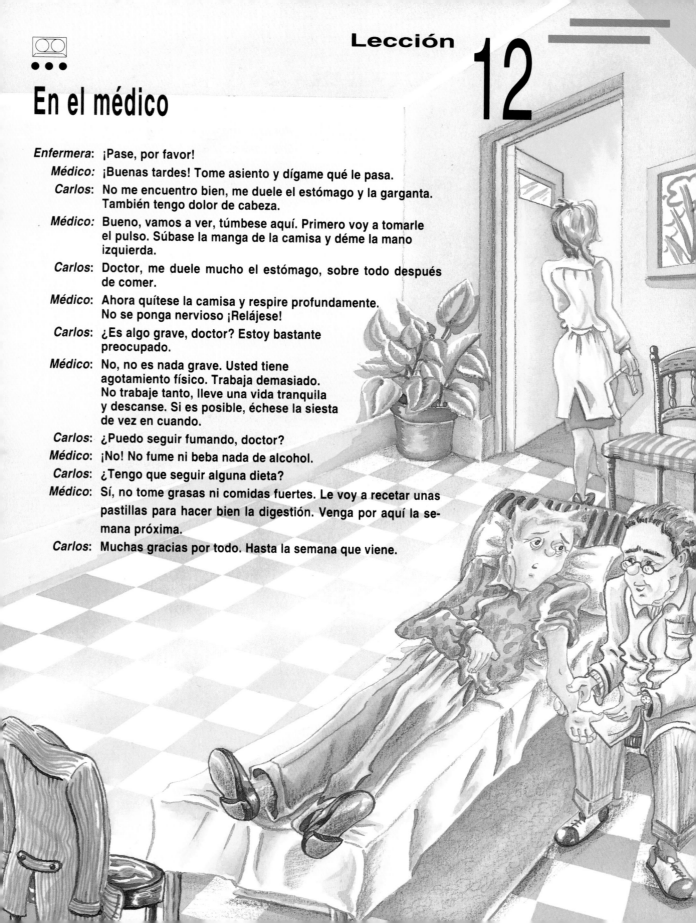

Preguntas

1. ¿Por qué va Carlos al médico?
2. ¿Qué le duele?
3. ¿Qué le hace el médico primero?
4. ¿Cuándo le duele el estómago a Carlos?
5. ¿Tiene Carlos algo grave?

6. ¿Por qué tiene Carlos agotamiento físico?
7. ¿Qué tiene que hacer Carlos?
8. ¿Puede seguir fumando? ¿Y bebiendo?
9. ¿Para qué son las pastillas?
10. ¿Cuándo tiene que ir Carlos otra vez al médico?

El Imperativo

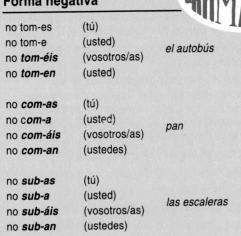

Forma afirmativa				**Forma negativa**			
- ar	**toma**	(tú)		no tom-es	(tú)		
	tome	(usted)		no tom-e	(usted)		
	tomad	(vosotros/as)	*el autobús*	no **tom-éis**	(vosotros/as)	*el autobús*	
	tomen	(ustedes)		no **tom-en**	(usted)		
- er	come	(tú)		no **com-as**	(tú)		
	coma	(usted)		no c**om-a**	(usted)		
	comed	(vosotros/as)	*pan*	no **com-áis**	(vosotros/as)	*pan*	
	coman	(ustedes)		no **com-an**	(ustedes)		
- ir	sube	(tú)		no **sub-as**	(tú)		
	suba	(usted)		no **sub-a**	(usted)		
	subid	(vosotros/as)	*las escaleras*	no **sub-áis**	(vosotros/as)	*las escaleras*	
	suban	(ustedes)		no **sub-an**	(ustedes)		

1. Forme el imperativo

Tú hablas deprisa.   – *Habla deprisa.* – *No hables deprisa.*

1. Vosotros trabajáis mucho.   – ....
2. Ustedes beben vino.   – ....
3. Tú preguntas mucho.   – ....
4. Vosotros leéis la carta.   – ....
5. Usted escribe las palabras.   – ....
6. Tú alquilas un coche.   – ....
7. Usted abre la ventana.   – ....
8. Vosotros continuáis trabajando.   – ....
9. Ustedes toman un taxi.   – ....
10. Vosotros cogéis el autobús.   – ....

● *Imperativo + pronombre personal*

Forma afirmativa

*Compra **el libro***	⟶	Cómpra**lo**
*Saludad **a Juan***	⟶	Saludad**lo**
*Da**me** **la llave***	⟶	Dá**mela**
*Láva**te** **las manos***	⟶	Láva**telas**

Forma negativa

*No compres **el libro***	⟶	No **lo** compres
*No saludéis **a Juan***	⟶	No **lo** saludéis
*No **me** des **la llave***	⟶	No **me la** des
*No **te** laves **las manos***	⟶	No **te las** laves

NOTA: Senta**d** + **os** ⟶ Senta-**os**

Marcha**d** + **os** ⟶ Marcha-**os**

Lava**d** + **os** las manos ⟶ Lavá-**oslas**

Excepto **IR**: I**dos**/ i**ros**

● 2. Forme el imperativo

¿Por qué no le regalas un disco a Juan?   – *Regálaselo.*

1. ¿Por qué no me compras una guitarra?   – ....
2. ¿Por qué no se quitan los abrigos?   – ....
3. ¿Por qué no nos explica usted la lección?   – ....
4. ¿Por qué no les escribís una carta?   – ....
5. ¿Por qué no me mandas el dinero por correo?   – ....
6. ¿Por qué no nos enseña usted su nuevo coche?   – ....
7. ¿Por qué no os limpiáis los zapatos?   – ....
8. ¿Por qué no te lavas el pelo?   – ....
9. ¿Por qué no nos prestas el coche?   – ....
10. ¿Por qué no nos leéis la carta?   – ....

Imperativo + pronombre

Dame el dinero.
Dámelo.

Enséñame tu casa.

Ábrele la puerta al cartero.

Escríbeles una carta a tus padres.

Lávate los dientes.

Coged el autobús.

Ayuda a tu hermano.

Sacadnos las entradas.

Quitaos las botas.

Déme su paraguas.

Imperativo + pronombre

Córtate el pelo.
Córtatelo.

Poneos las zapatillas.

Escríbele al director una carta.

Prestadle a Carmen el coche.

Denme los ejercicios.

Regálale un disco.

Traedme el periódico.

Tomaos la leche.

Quítese el abrigo.

Cómprenles caramelos a los niños.

Imperativos irregulares

Forma afirmativa

Decir	Ir	Hacer	Oír	Poner	Ser	Salir	Tener	Venir
dí	ve	haz	oye	pon	sé	sal	ten	ven (tú)
diga	vaya	haga	oiga	ponga	sea	salga	tenga	venga (usted)
decid	id	haced	oíd	poned	sed	salid	tened	venid (vosotros/as)
digan	vayan	hagan	oigan	pongan	sean	salgan	tengan	vengan (ustedes)

Forma negativa

	Decir	Ir	Hacer	Oír	Poner	Ser	Salir	Tener	Venir
no	digas	vayas	hagas	oigas	pongas	seas	salgas	tengas	vengas
no	diga	vaya	haga	oiga	ponga	sea	salga	tenga	vengà(usted)
no	digáis	vayáis	hagáis	oigáis	pongáis	seáis	salgáis	tengáis	vengáis(vosotros/as)
no	digan	vayan	hagan	oigan	pongan	sean	salgan	tengan	vengan(ust edes)

3. Utilice un pronombre

Haz el ejercicio.   – *Hazlo* – *No lo hagas.*

1. Dadle a Pepe un cigarrillo. – ....
2. Poneos las bufandas. – ....
3. Apaguen la luz. – ....
4. Tómate el café. – ....
5. Compradnos un helado. – ....
6. Tráigame una cerveza. – ....
7. Cierren la puerta. – ....
8. Dígale su apellido. – ....
9. Poned la radio. – ....
10. Hágale una tortilla. – ....
11. Dínos las noticias. – ....
12. Díganme el motivo. – ....
13. Háganos el favor. – ....
14. Ponle una silla. – ....
15. Traed el coche.. – ....

Imperativos irregulares

¿Pongo las flores en la mesa?
Sí, ponlas.

¿Te hago la comida?
Sí, ...

Mamá, ¿salgo a la calle?
No, ...

¿Te digo la verdad?
Sí, ...

¿Vengo a las siete?
Sí, ...

¿Te tengo al niño?
Sí, ...

¿Ponemos un disco?
No, ...

¿Voy a comprar el periódico?
Sí, ...

¿Me pongo la camisa blanca?
No, ...

¿Os hago una foto?
Sí, ...

4. Forme el imperativo

Tú no le dices la verdad. — *Dile la verdad.*

1. Vosotros no os ponéis el abrigo. — ....
2. Usted no hace preguntas. — ....
3. Ustedes no van a clase. — ....
4. Tú no oyes las noticias. — ....
5. Usted no viene pronto. — ....
6. Ustedes no van a bailar. — ....
7. Vosotros no tenéis paciencia. — ....
8. Tú no sales a la calle. — ....
9. Ustedes no dicen nada. — ....
10. Vosotros no vais al cine. — ....

Preposiciones de lugar

Al lado de/Junto a
Mi casa está al lado de la estación.
La estación está junto a mi casa.

Entre
Mi casa está entre la estación y Correos.

A/Hacia
Él va a casa.
Él va hacia París.

De/desde
Él viene de casa.
Él viene desde París.

Preposiciones de lugar

A lo largo de
La carretera va a lo largo del río.

Alrededor de
Ellos se sientan alrededor de la mesa.

Lejos de
Mi casa está lejos del teatro.

Cerca de
Tu casa está cerca de la universidad.

5. Complete con la preposición más adecuada

(En, sobre, debajo de, delante de, detrás de, a , de, entre, al lado de, junto a, lejos de, cerca de, a lo largo de, alrededor de, por)

1. Las llaves están .... mi bolsillo. — ....
2. Tus zapatos están .... la cama. — ....
3. La piscina está .... hotel. — ....
4. La cocina está .... comedor. — ....
5. Moscú está .... Madrid. — ....
6. Toledo está .... Madrid. — ....
7. .... la casa hay un jardín. — ....
8. Nosotros paseamos .... el parque. — ....
9. Correos está .... la estación y el Ayuntamiento. — ....
10. Hoy vamos .... la playa. — ....
11. Yo vengo ahora .... la universidad. — ....
12. Ellos están sentados .... la chimenea. — ....
13. El coche va .... la calle. — ....
14. El garaje está .... la casa. — ....

Preposiciones de lugar ● ●

¿Dónde están las cartas? (Cajón)
Las cartas están en el cajón.

¿Dónde está sentado Antonio? (Ventana)

¿Por dónde pasean ellos? (Parque)

¿Dónde está tu coche? (Garaje)

¿A dónde vais? (Playa)

¿De dónde vienes? (Correos)

¿Dónde está sentado el niño? (Su padre y su madre)

¿Por dónde va el coche? (Río)

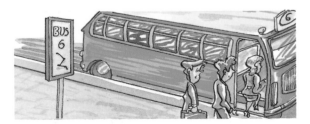

¿A dónde se sube Pilar? (Autobús)

¿De dónde se baja Paco? (Tren)

6. Diga lo contrario

Mi hotel está *cerca* del centro.   - *Mi hotel está lejos del centro.*

1. Yo *voy a* la biblioteca. — ....
2. El lápiz está *sobre* la mesa. — ....
3. *Delante* de mí está sentado Pedro. — ....
4. Él *viene de* París. — ....
5. Ella *saca* dinero *del* banco. — ....
6. Pon la bicicleta *detrás de* la casa. — ....
7. El gato está *debajo de* la cama. — ....
8. El aeropuerto está *lejos de* aquí. — ....
9. Ella se *sube al* tren. — ....
10. Ellos *van a* clase. — ....

7. Describa el plano de la ciudad

Utilice las preposiciones: **al lado de, junto a, entre, lejos de, cerca de, delante de, detrás de, a la derecha de, a la izquierda de, en.**

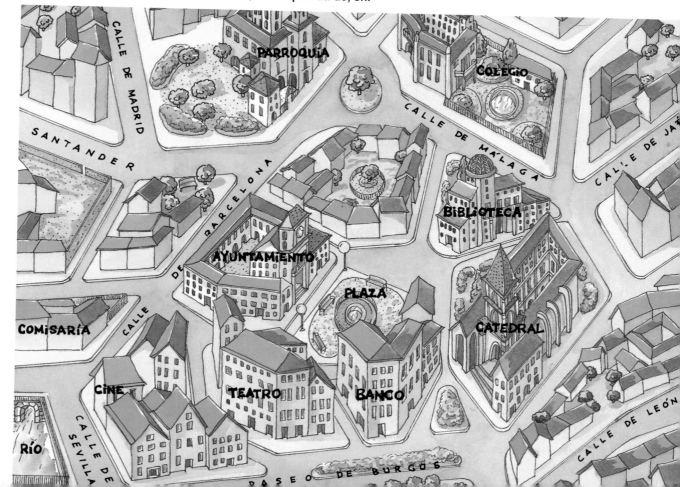

De compras

Dependiente: Buenas tardes, ¿qué desea?

Pilar: Quiero comprar unos zapatos.

Dependiente: ¿Los quiere de piel?

Pilar: Sí, me gusta el modelo que tienen en el escaparate.

Dependiente: ¿Qué número calza usted? Creo que de ese modelo sólo tenemos números pequeños. Pruébeselos, a ver cómo le quedan.

Pilar: Me están un poco pequeños. ¿No tienen otro número mayor?

Dependiente: No, lo siento. ¿Por qué no se prueba estos marrones? Tienen un tacón más alto, pero son mucho más cómodos y de mejor calidad. Por supuesto, son más caros que los del escaparate.

Pilar: No, gracias, no me gustan.

Dependiente: Mire, estos negros tienen poquísimo tacón. Son comodísimos y no tan caros como los marrones.

Pilar: Sí, es verdad, pero me están un poco grandes. Tráigame un número menor.

Dependiente: Por desgracia su número está agotado en este modelo. Pero aquí tengo unos azules que están muy bien de precio. Ahora están rebajados. Cuestan mil pesetas menos de lo que marcan.

Pilar: Me están mucho mejor que los negros, pero el color no me gusta. No van bien con el bolso.

Dependiente: Pues cómprese un bolso azul. Tenemos varios modelos y algunos en oferta. ¿Qué le parece este de asas? Puede llevarlo tanto por el día como por la noche. Sólo cuesta siete mil pesetas.

Pilar: Muchas gracias por todo, pero no quiero gastarme tanto en un bolso. Perdone por la molestia. Adiós.

Dependiente: ¡No importa! Hasta cuando quiera.

Preguntas

1. ¿Qué quiere comprar Pilar?
2. ¿Qué modelo le gusta?
3. ¿Cómo le están los zapatos del escaparate?
4. ¿Tienen de ese modelo un número mayor?
5. ¿Cómo son los zapatos marrones que le enseña el dependiente?
6. ¿Tienen los zapatos negros menos tacón o más tacón que los marrones?
7. ¿Qué zapatos son los más baratos?
8. ¿Cómo le están a Pilar los zapatos azules?
9. ¿Por qué no compra Pilar los zapatos azules?
10. ¿Por qué no compra Pilar el bolso azul?

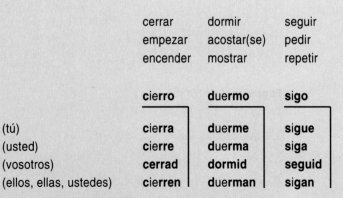

Verbos con cambio vocálico en el Imperativo

ESQUEmá GRAMÁticaI

	cerrar empezar encender	dormir acostar(se) mostrar	seguir pedir repetir
	cierro	**duermo**	**sigo**
(tú)	**cierra**	**duerme**	**sigue**
(usted)	**cierre**	**duerma**	**siga**
(vosotros)	**cerrad**	**dormid**	**seguid**
(ellos, ellas, ustedes)	**cierren**	**duerman**	**sigan**

NOTA: Los verbos con cambio vocálico en el presente de indicativo también lo tienen en el imperativo, excepto la 2ª persona plural.

Imperativo + pronombre

Enciende la luz.
Enciéndela/No la enciendas.

Envuélvame los zapatos.
....

Cierren los libros.
....

Cuéntanos un cuento.
....

Pídeme una coca-cola.
....

Repítame la pregunta.
....

Sírvanos la comida en la terraza.
....

Elige el vestido blanco.
....

Recomendadle esta película.
....

Despierta al niño.
....

¿Cierro la puerta?

— *Sí, ciérrala / Ciérrela.*
— *No, no la cierres / No la cierre.*

1. ¿Acuesto a los niños?
   — ....
   — ....

2. ¿Te enciendo un cigarrillo?
   — ....
   — ....

3. ¿Le pido un café, señor López?
   — ....
   — ....

4. ¿Os cuento un chiste?
   — ....
   — ....

5. ¿Sigo leyendo la carta?
   — ....
   — ....

6. ¿Empezamos mañana el trabajo?
   — ....
   — ....

7. ¿Repito la pregunta?
   — ....
   — ....

8. ¿Les envuelvo el libro?
   — ....
   — ....

9. ¿Les muestro la habitación?
   — ....
   — ....

10. ¿Colgamos los abrigos en el perchero?
    — ....
    — ....

●●● *Gradación del adjetivo*

Positivo	Comparativo	Superlativo
Antonio es alto.	*Más alto que Pedro.*	*El más alto de la clase.*
María es simpática.	*Menos simpática que Carmen.*	*La menos simpática de todas.*
Tus hijos son inteligentes.	*Tan inteligentes como los míos.*	*Muy inteligente.*
Estas casas son viejas.	*Igual de viejas que aquellas.*	*Viejísimas.*

NOTA: **Tanto** (s) / **Tanta** (s) **+ Sustantivo + como**

Tengo tantos problemas como tú.
Tenemos tanta sed como vosotros.

2. Conteste a la pregunta

¿Nos podemos sentar aquí?
- *Sí, sentaos aquí / Siéntese aquí.*
- *No, no os sentéis aquí / No se sienten aquí.*

1. Señor Gómez, ¿le puedo pedir un favor?/*Sí.*
   - ....
   - ....

2. ¿Podemos empezar ya?/*Sí.*
   - ....
   - ....

3. ¿Puedo comenzar a hablar?/*Sí.*
   - ....
   - ....

4. ¿Podemos tender la ropa en el balcón?/*No.*
   - ....
   - ....

5. ¿Puedo cerrar la ventana?/*No.*
   - ....
   - ....

6. ¿Podemos volver mañana otra vez?/*Sí.*
   - ....
   - ....

7. ¿Puedo seguir preguntando?/*Sí.*
   - ....
   - ....

8. ¿Puedo sentarme aquí?/*Sí.*
   - ....
   - ....

9. ¿Podemos dormir aquí la siesta?/*No.*
   - ....
   - ....

10. ¿Puedo repetir el ejercicio?/*Sí.*
    - ....
    - ....

Irregulares

bueno(a)	**mejor**	**el/la mejor (buenísimo/a)**
malo(a)	**peor**	**el/la peor (malísimo/a)**
pequeño(a)	**menor**	**el/la menor (pequeñísimo/a)**
grande(-)	**mayor**	**el/la mayor (grandísimo/a)**

3. Forme el comparativo

Este coche es potente/*aquel.* — *Sí, pero aquel es más potente que este.*

1. Este niño es simpático/*aquel.* — ....
2. Estos sillones son confortables/*aquellos.* — ....
3. Estas niñas son guapas/*aquellas.* — ....
4. Este señor es rico/*aquel.* — ....
5. Esta casa es muy bonita/*aquella.* — ....
6. Este edificio es alto/*aquel.* — ....
7. Estas naranjas son muy jugosas/*aquellas.* — ....
8. Estos libros son muy interesantes/*aquellos.* — ....
9. Este hotel es muy caro/*aquel.* — ....
10. Esta pensión es muy barata/*aquella.* — ....
11. Este zapato es grande/*aquel.* — ....
12. Esta calle es muy larga/*aquella.* — ....
13. Estos chicos son trabajadores/*aquellos.* — ....
14. Estas canciones son muy tristes/*aquellas.* — ....

4. Forme el comparativo

Esta clase es grande/*esa.* — *Sí, pero esa es mayor.*

1. Este trabajo es muy malo/*ese.* — ....
2. Esta habitación es pequeña/*esa.* — ....
3. Estos proyectos son buenos/*esos.* — ....
4. Este restaurante es grande/*ese.* — ....
5. Este niño tiene mal carácter/*ese.* — ....
6. Esta biblioteca tiene buenos libros/*esa.* — ....
7. Este edificio es muy alto/*ese.* — ....
8. Esta película es buena/*esa.* — ....
9. Esta carne es mala/*esa.* — ....
10. Estos tomates son muy pequeños/*esos.* — ....
11. Estas luces son buenas/*esas* — ....
12. Estos versos son malos/*esos* — ....
13. Estas niñas son pequeñas/*esas.* — ....
14. Estos trajes son grandes/*esos.* — ....

Gradación del adjetivo

Este tocadiscos es caro.   *Ese es más caro.*   *Aquel es el más caro de todos.*

Juan es alto.   Antonio ....   Pedro ....

Nuestro trabajo es bueno.   El tuyo ....   El suyo ....

Este hotel es confortable.   Ese ....   Aquel es el ....

  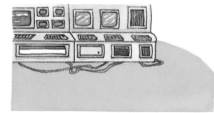

Esta máquina es complicada.   Esa ....   Aquella ....

Gradación del adjetivo

Estos niños son malos.   Esos ....   Aquellos ....

Su habitación es pequeña.   La tuya ....   La mía ....

Estas alumnas son aplicadas.   Esas ....   Aquellas ....

Mi piso es pequeño.   El vuestro ....   El suyo ....

Esta chaqueta es grande.   Esa ....   Aquella ....

5. Conteste a la pregunta

¿Eres tú el menor de los hermanos? — *No, no soy el menor, soy el mayor.*

1. ¿Es Juan el mejor alumno de la clase? — ....
2. ¿Es esta iglesia la más antigua de la ciudad? — ....
3. ¿Es Juan vuestro hijo mayor? — ....
4. ¿Es esta la mayor discoteca de la ciudad? — ....
5. ¿Es Carmen la más aplicada de la clase? — ....
6. ¿Es Pepe el más alto de sus amigos? — ....
7. ¿Son estos los peores exámenes? — ....
8. ¿Es este el ejercicio más difícil de la lección? — ....
9. ¿Son aquellas casas las más baratas del barrio? — ....
10. ¿Es esta tu mejor foto? — ....

6. Forme el comparativo

Aquel hombre es alto/*este*.
— *Sí, es tan alto como este.*
— *Sí, es igual de alto que este.*

1. Aquella peluquería es cara/*esta*.
— ....
— ....
2. Aquel pueblo es grande/*este*.
— ....
— ....
3. Aquellas torres son antiguas/*estas*.
— ....
— ....
4. Aquellos estudiantes son aplicados/*estos*.
— ....
— ....
5. Aquel sofá es cómodo/*este*.
— ....
— ....
6. Aquellas flores son bonitas/*estas*.
— ....
— ....
7. Aquellas revistas son interesantes/*estas*.
— ....
— ....
8. Aquel vestido es elegante/*este*.
— ....
— ....
9. Aquellos edificios son altos/*estos*.
— ....
— ....
10. Aquel parque es pequeño/*este*.
— ....
— ....

Él tiene mucha hambre/*nosotros*.   – *Él tiene tanta hambre como nosotros.*

1.   Ella tiene prisa/*yo*.   – ....
2.   Vosotros tomáis mucha leche/*nosotros*.   – ....
3.   Ellos tienen muchos hijos/*vosotros*.   – ....
4.   Esta tienda vende muchas cosas/*aquella*.   – ....
5.   Tu hijo come mucha fruta/*el mío*.   – ....
6.   Usted come mucho pan/*yo*.   – ....
7.   Ellas leen muchas revistas/*mi madre*.   – ....
8.   Yo tengo muchos discos/*usted*.   – ....
9.   Vosotros tenéis muchos problemas/*nosotras*.   – ....
10.   Mi marido fuma muchos cigarrillos/*el tuyo*.   – ....

● ● ●   *Formación del superlativo -ísimo*

a.   barat**o**   **barat**ísimo (a):   *Este hotel es baratísimo.*
    grande   **grand**ísimo (a):   *Él tiene una casa grandísima.*

b.   fácil   **facil**ísimo (a):   *Estos problemas son facilísimos.*
    difícil   **dificil**ísimo (a):   *Estas frases son dificilísimas.*

c.   ric**o**   **riqu**ísimo (a):   *Esta tarta está riquísima.*
    ama**ble**   **amabil**ísimo (a):   *Él es amabilísimo.*
    amarg**o**   **amargu**ísimo (a):   *Esta medicina está amarguísima.*
    anti**guo**   **antiqu**ísimo (a):   *Este jarrón es antiquísimo.*

Esta película es muy buena.   – *Es buenísima.*

1.   Aquel edificio es muy antiguo.   – ....
2.   Estos limones son muy amargos.   – ....
3.   Esta azafata es muy amable.   – ....
4.   Las casas andaluzas son muy blancas.   – ....
5.   Este trabajo es muy malo.   – ....
6.   Él es muy inteligente.   – ....
7.   Tus primos son muy simpáticos.   – ....
8.   Este niño es muy nervioso.   – ....

¿Es muy alto Felipe?
Sí, es altísimo, es el más alto de todos.

¿Es muy grande su casa?
....

¿Es muy caro aquel hotel?
....

¿Son muy antiguas estas torres?
....

¿Es muy pequeña vuestra habitación?
....

¿Es buena esta playa?
....

¿Es muy rica aquella señora?
....

¿Son cómodos esos sillones?
....

¿Es muy amargo este jarabe?
....

¿Es muy divertida esta película?
....

9. Forme el superlativo

Él habla *poco.*   — **Él habla** *poquísimo.*

1. Ella tiene *poca* paciencia. — ....
2. Tenemos *mucha* hambre. — ....
3. Ellos fuman *muchos* puros. — ....
4. Tengo *muy pocos* amigos. — ....
5. Tomad *mucha* fruta. — ....
6. Hay *mucha* gente hoy en la playa. — ....
7. Ella tiene *muchas* ganas de ir a bailar. — ....
8. Tenemos *muy poco* tiempo. — ....
9. Él tiene *muchos* libros. — ....
10. Ella tiene *mucha* sed. — ....

• • • *Adjetivos numerales ordinales*

ESQUEmа 4 GRAMAtiCA

1ª.	**Primero** (s)		7º.	**Séptimo** (s)	/	**Séptima** (s)
	Primer (os)	/ **Primera**(s)	8º.	**Octavo** (s)	/	**Octava** (s)
2º.	**Segundo** (s)	/ **Segunda** (s)	9º.	**Noveno** (s)	/	**Novena** (s)
3º.	**Tercero** (s)		10º.	**Décimo** (s)	/	**Décima** (s)
	Tercer (os)	/ **Tercera** (s)	11º.	**Undécimo** (s)	/	**Undécima** (s)
4º.	**Cuarto** (s)	/ **Cuarta** (s)	12º.	**Duodécimo** (s)	/	**Duodécima** (s)
5º.	**Quinto** (s)	/ **Quinta** (s)	13.º	**Décimo tercero** (s)	/	**Décimo tercera** (s)
6º.	**Sexto** (s)	/ **Sexta** (s)	14.º	**Décimo cuarto** (s)	/	**Décimo cuarta** (s)

NOTA: **Primero** y **tercero** pierden la **-o** cuando van delante de un sustantivo masculino en singular.

Estoy leyendo el capítulo < *primero de este libro.*
tercero de este libro.

Estoy leyendo el < *primer capítulo de este libro.*
tercer capítulo de este libro.

• • • 10. Conteste a la pregunta

¿En qué piso vives?/*3º.* — *Vivo en el tercer piso/Vivo en el piso tercero.*

1. ¿Dónde está la oficina de viajes?/*5ª planta.* — ....
2. ¿En qué lección estáis?/*6ª.* — ....
3. ¿Dónde están los servicios?/*2ª puerta dcha.* — ....
4. ¿Qué curso de medicina haces?/*4º.* — ....

5. ¿Dónde están las llaves?/*1ᵉʳ cajón.*   – ....

6. ¿En qué puesto está vuestro equipo?/*7º.*   – ....

7. ¿En qué fila nos sentamos?/*9ª.*   – ....

8. ¿Quiénes son estos señores?/*1ʳᵒˢ. turistas.*   – ....

9. ¿En qué trimestre se acaban las clases?/*3ᵉʳ.*   – ....

10. ¿En qué piso vives?/*12º.*   – ....

11. Complete el diálogo

Dependiente: Buenas tardes, ¿en qué puedo .... ?

Carlos. .... comprar un disco de folklore español. Soy extranjero y no .... ningún cantante español. ¿Qué me puede .... usted?

Dependiente: ¿Le .... a usted el flamenco?

Carlos: Sí ....

Dependiente: Entonces le voy a .... los últimos discos aparecidos en el mercado. Este .... de José Menese. Para mí, el .... cantante de flamenco.

Carlos: ¿Lo puedo .... un poco?

Dependiente: Sí, por supuesto. .... estos auriculares.

Carlos: .... usted razón. Es un .... estupendo. Me lo llevo.

Dependiente: ¿.................... envuelvo?

Carlos: Sí, por favor, y dígame ....

Dependiente: Novecientas cincuenta pesetas.

Carlos: Aquí tiene, y muchas gracias por su ....

GRANDES ALMACENES

En el aeropuerto

POR FAVOR, SEÑORITA, ¿A QUÉ HORA TIENE LA SALIDA EL AVIÓN PARA MADRID?

A LAS OCHO Y MEDIA. USTED TIENE QUE PRESENTARSE UNA HORA ANTES EN LA VENTANILLA NÚMERO SEIS PARA FACTURAR EL EQUIPAJE.

AÚN TENEMOS MEDIA HORA. ¿TE APETECE TOMAR UN CAFÉ?

SÍ, PÍDEME UN CAFÉ CON LECHE. MIENTRAS, YO VOY A COMPRAR CIGARRILLOS.

¡ATENCIÓN, ATENCIÓN! SEÑORES PASAJEROS CON DESTINO A PARÍS, PASEN POR EL CONTROL DE PASAPORTES. SEÑORES PASAJEROS CON DESTINO A LONDRES, DIRÍJANSE A LA PUERTA DE EMBARQUE NÚMERO SEIS. SEÑORES PASAJEROS CON DESTINO A MADRID, DIRÍJANSE A LA VENTANILLA NÚMERO SEIS Y ENTREGUEN SU EQUIPAJE.

¿ES AQUÍ DONDE TENEMOS QUE ENTREGAR EL EQUIPAJE?

SÍ, POR FAVOR, PONGAN LAS MALETAS EN LA BÁSCULA. LA MALETA NEGRA PESA MÁS DE VEINTE KILOS. USTED TIENE QUE PAGAR EXCESO DE EQUIPAJE.

¿VES CÓMO TENGO RAZÓN? NO SE DEBE VIAJAR CON TANTO EQUIPAJE.

SÍ, ES VERDAD. PERO YO NO SÉ CÓMO ES EL TIEMPO EN MADRID DURANTE LA PRIMAVERA, Y POR ESO LLEVO TANTO ROPA DE VERANO, COMO DE ENTRETIEMPO.

En la aduana

Preguntas

1. ¿A qué hora sale el avión para Madrid?
2. ¿Con cuánto tiempo tienen que presentarse María y Luisa en la ventanilla 6?
3. ¿Qué dice el altavoz?
4. ¿Cuánto pesa la maleta negra?
5. ¿Por qué viaja María con tanto equipaje?

6. ¿A qué van a España y cuánto tiempo piensan quedarse?
7. ¿Qué van a hacer después del curso?
8. ¿Tienen que pagar aduana?
9. ¿Qué llevan en las maletas?
10. ¿Qué les desea el policía?

Comparativo y superlativo de los adverbios

Positivo	Comparativo	Superlativo
Juan habla **bien** francés.	Pedro habla francés **mejor que** Juan.	Antonio es **el que mejor** habla francés de todos.
Carmen habla **mucho**.	Pilar habla **más que** Carmen.	Luisa es **la que más** habla de todas.
Estos alumnos trabajan **poco**.	Esos trabajan **menos que** estos.	Aquellos son **los que menos** trabajan de todos.
Estos quesos huelen **mal**.	Esos huelen **peor que** estos.	Aquellos son **los que peor** huelen de todos.

1. Forme comparativos y superlativos

Él habla poco./*Juan/Pepe*.

  – **Juan habla menos que él.**
  – **Pepe es el que menos habla.**

1. Carmen se ríe mucho./*Mercedes/Lola*.

  – ....
  – ....

2. Estas chicas bailan muy bien./*esas/aquellas*.

  – ....
  – ....

3. Él conduce deprisa./*Felipe/vosotros*.

  – ....
  – ....

4. Tú fumas mucho./*yo/ellos*.

  – ....
  – ....

5. Estos zapatos me gustan mucho./*esos/aquellos*.

  – ....
  – ....

6. Ella tiene poca paciencia./*yo/tú*.

  – ....
  – ....

7. Tú trabajas bien./*Pedro/ella*.

  – ....
  – ....

8. Carmen conduce mal./*Luis/vosotros*.

  – ....
  – ....

9. Yo me levanto tarde./*mi mujer/mis hijos*.

  – ....
  – ....

10. Yo me acuesto pronto./*mi mujer/mis hijos*.

  – ....
  – ....

Tener que
Haber que + *Infinitivo: Formas de obligación*
Deber

Obligación necesaria o impuesta.			Obligación menor, aspecto moral o consejo	
(yo)	**tengo**		**debo**	
(tú)	**tienes**		**debes**	
(él/ ella/ usted)	**tiene**	*que estudiar para el examen.*	**debe**	*estudiar para el examen.*
(nosotros/as)	**tenemos**		**debemos**	
(vosotros/as)	**tenéis**		**debéis**	
(ellas, ellos, ustedes)	**tienen**		**deben**	

Obligación más impersonal: **Hay que** *estudiar para el examen*

2. Cambie el sujeto

Tengo que estudiar/*usted.* — *Usted tiene que estudiar.*

1. Nosotros tenemos que quedarnos en casa/*vosotros.* — ....
2. Tú tienes que ser puntual/*ustedes.* — ....
3. Ellos tienen que levantarse temprano/*yo.* — ....
4. Ella tiene que estar a las diez en casa/*nosotros.* — ....
5. Yo tengo que recoger un paquete/*usted.* — ....
6. Tenemos que comprar las entradas/*vosotras.* — ....
7. Ella tiene que estar tres días en la cama/*tú.* — ....
8. Tenemos que salir mañana de viaje/*él.* — ....
9. Tienes que acostarte pronto/*ustedes.* — ....
10. Tengo que ir al dentista/*ella.* — ....

3. Siga el modelo

Tú estudias poco. — *Tienes que estudiar más.*
  — *Debes estudiar más.*

1. Usted trabaja mucho. — ....
2. Vosotros tenéis poca paciencia. — ....
3. Usted fuma mucho. — ....

3. Siga el modelo (continuación)

4. Él conduce muy deprisa. – ....

5. Ella no es puntual. – ....

6. Tú no te lavas los dientes todos los días. – ....

7. Los niños ven mucho la televisión. – ....

8. Ustedes duermen poco. – ....

9. Vosotros sois poco amables. – ....

10. Ellos beben mucho. – ....

4. Utilice *hay que*

Tenemos que reservar mesa. – *Hay que reservar mesa.*

1. Tiene que trabajar más. – ....

2. Tienen que hacer más deporte. – ....

3. Nosotros tenemos que ser puntuales. – ....

4. Tenéis que lavaros los dientes todos los días. – ....

5. Tenemos que comprar queso. – ....

6. Tienen que ahorrar. – ....

7. Tenemos que acostarnos pronto. – ....

8. Tienes que decir la verdad. – ....

9. Tenemos que darnos prisa. – ....

10. Tienen que llamar a la policía. – ....

Preposiciones de tiempo

antes de	**después de**
Antes de la comida me lavo las manos.	*Después de* la comida tomo una taza de café.
durante	**en**
Durante el invierno hace aquí mucho frío.	*En* invierno hace aquí mucho frío.
a las	**alrededor de**
El tren llega a las 8 en punto.	*Mi marido llega alrededor de las 8.*
desde...hasta / de...a	**por**
Tenemos clases desde las 9 hasta las 12.	*Tenemos clase por la mañana.*

Gradación del adverbio

Este futbolista juega bien al fútbol.
Luis juega mejor al fútbol.
Butragueño es el que mejor juega al fútbol.

María se ríe mucho.
Carmen ....
Pilar ....

Tu hotel está lejos del centro.
Su hotel ....
Mi hotel. ....

Esta soprano canta bien.
Ángeles ....
Montserrat Caballé ....

Tu hijo come poco.
Mi hijo ....
Mi hija ....

Ella escribe muy deprisa a máquina.
Yo ....
Usted ....

Mi coche gasta mucha gasolina.
Su coche ....
Vuestro coche ....

Este atleta corre mucho.
Ese ....
Aquel ....

Nuestra casa está cerca de la universidad.
Vuestra casa ....
Su casa ....

Él duerme mal.
Tú ....
Yo ....

Preposiciones de tiempo

¿Cuándo hay que mirar a la izquierda y a la derecha?
(cruzar la calle).Antes de cruzar la calle.

¿A qué hora empieza la película?
(7.15) ....

¿A qué hora se acuesta usted?
(11) ....

¿Cuándo te vas a comer?
(el trabajo) ....

¿Hasta cuándo dura el curso?
(29 de julio) ....

¿Cuántas horas trabajáis?
(8 de la mañana - 2 de la tarde). ....

¿Cuándo florecen las flores?
(primavera) ....

¿Cuándo toma usted un vaso de vino?
(almuerzo) ....

¿Cuándo regresan a casa los niños?
(escuela) ....

¿Cuándo se levantan ustedes?
(amanecer) ....

5. Conteste a la pregunta

¿Cuándo hace mucho frío en Madrid?/*invierno.*

– *En invierno.*
– *Durante el invierno.*

1. ¿A qué hora se levanta usted?/*7.30.*
   – ....
2. ¿Cuánto tiempo están abiertos los bancos?/*8 de la mañana a 2 de la tarde.*
   – ....
3. ¿Cuándo toman los alumnos un café?/*pausa.*
   – ....
4. ¿Cuándo se van los alumnos a casa?/*clase.*
   – ....
5. ¿Cuándo hay que lavarse los dientes?/*las comidas.*
   – ....
6. ¿Cuándo te duchas?/*desayuno.*
   – ....
7. ¿A qué hora regresa usted de la oficina?/*2.30.*
   – ....
8. ¿Cuándo hay que lavarse las manos?/*comer.*
   – ....
9. ¿Cuándo va a ir usted a Inglaterra?/*verano.*
   – ....
10. ¿Cuándo vas a la universidad?/*tarde.*
    – ....
11. ¿Cuándo hay que revisar bien el coche?/*hacer un viaje.*
    – ....

6. Complete la frase

Los alumnos escriben ....**la clase.**

– *Los alumnos escriben durante la clase.*

1. Despiértame .... las 8.20.
   – ....
2. Tenemos clase .... las 10 .... las 13.
   – ....
3. Ellos van a la playa .... mediodía.
   – ....
4. .... la playa toman una ducha.
   – ....
5. Yo siempre me echo la siesta .... comer.
   – ....
6. .... de ir al extranjero hay que hacerse un pasaporte.
   – ....
7. .... invierno nieva mucho en las montañas.
   – ....
8. .... la cena vemos la televisión.
   – ....
9. .... de acostarme leo un poco.
   – ....
10. No hay que hablar .... la conferencia.
    – ....

¿puedo...?
¿Podemos fumar aquí?

no debes...
No, no debéis fumar aquí.

APRENDA

Tener que/deber

A Juan le duele la cabeza.
Debe tomar una aspirina.

Mañana tenemos un examen.
(estudiar) ....

El avión sale a las 8.15.
(ser puntual) ....

Él está muy gordo.
(hacer deporte) ....

Tú toses mucho.
(fumar menos) ....

María tiene mucha fiebre.
(quedarse en la cama) ....

Usted está resfriado.
(no levantarse) ....

Esta tarde salgo de viaje.
(hacer las maletas) ....

Mi coche tiene una avería.
(repararlo) ....

Nuestra casa está muy sucia.
(limpiarla) ....

151

¿Puedo tomar esa medicina? — *No, no debes tomar esa medicina.*

1. Papá ¿podemos ver esta película? — ....
2. Doctor, ¿puedo levantarme ya? — ....
3. ¿Puede él beber vino? — ....
4. ¿Podemos hablar con el enfermo? — ....
5. ¿Puedes tomar café? — ....
6. ¿Podemos pisar el césped? — ....
7. ¿Puede jugar el futbolista ya? — ....
8. ¿Puedo leer esta carta? — ....

••• **8. Coloque las siguientes palabras en el sitio más apropiado**

ir, bocacalle, mejor, tener, aquí cerca, coger, media hora de tiempo, transbordo, mirar, estaciones.

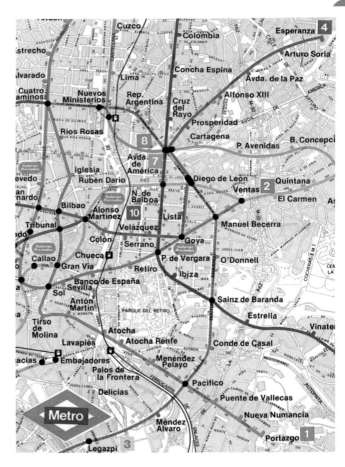

Pepe: ¿...................... en metro o en autobús?

Luis: .... en metro. Es más rápido. Recuerda que .... que estar a las siete en punto y ya son las seis y media.

Pepe: ¿Tenemos que hacer ....?

Luis: Sí, en Sol y allí .... la línea Uno.

Pepe: ¿Y cuántas .... hay desde Sol a Portazgo?

Luis: Creo que nueve, pero no estoy seguro. .... en el plano.

Pepe: Son ocho. ¿Hay .... alguna boca de metro?

Luis: Sí, dos .... más abajo. Venga, vámonos. Sólo tenemos ....

Cuando yo era niño

Carlos: Mira, allí en aquella plaza jugaba yo cuando era niño.

Luis: ¿Vivían tus padres en este barrio?

Carlos: Sí, ahí en esa casa. Estaba ya muy vieja y por eso nos cambiamos a donde ahora vivimos. Y tú, ¿vives en la misma casa de cuando eras niño?

Luis: No, mis padres no eran de aquí. Vivíamos en el pueblo; yo vivo aquí desde que estoy estudiando.

Carlos: ¿Te acuerdas mucho de tu pueblo?

Luis: Sí, lo pasaba muy bien allí.

Carlos: ¿Mejor que aquí?

Luis: Sí. La vida que llevábamos era muy tranquila. Siempre estábamos jugando. Muchas veces nos íbamos a correr por el campo, otras veces bajábamos al río a pescar. Y sólo pensábamos en divertirnos. ¡Qué tiempos aquellos!

Carlos: ¡Qué suerte! Yo no puedo decir lo mismo. Mi padre era muy autoritario con nosotros. Apenas nos dejaba jugar. Cuando volvíamos de la escuela, teníamos que hacer los deberes y después de cenar nos íbamos a la cama. Sólo podíamos ver la televisión los domingos.

Luis: Yo, desde luego, tengo muy buenos recuerdos de mi infancia y siempre que puedo me voy a pasar unos días al pueblo.

Carlos: ¡Qué bien! La próxima vez te acompaño. ¿Cuándo piensas ir?

Luis: El próximo fin de semana. El viernes te llamo para ponernos de acuerdo.

Carlos: ¡Estupendo! Hasta el viernes.

Preguntas

1. ¿Dónde jugaba Carlos cuando era niño?
2. ¿Dónde vivían los padres de Carlos?
3. ¿Dónde vivía antes Luis?
4. ¿Se acuerda Luis mucho de su pueblo?
5. ¿Qué vida llevaba Luis en su pueblo?
6. ¿Ha vuelto Luis a su pueblo?
7. ¿Cómo era el padre de Carlos?
8. ¿Qué vida llevaba Carlos cuando era pequeño? ¿Cuándo podía ver la televisión?
9. ¿Va Luis muy a menudo a su pueblo?
10. ¿Tiene usted buenos recuerdos de su niñez? ¿Qué hacía usted cuando era niño?

Pretérito imperfecto: Verbos regulares

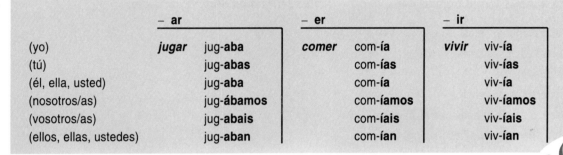

	– ar		– er		– ir	
(yo)	*jugar*	jug-**aba**	*comer*	com-**ía**	*vivir*	viv-**ía**
(tú)		jug-**abas**		com-**ías**		viv-**ías**
(él, ella, usted)		jug-**aba**		com-**ía**		viv-**ía**
(nosotros/as)		jug-**ábamos**		com-**íamos**		viv-**íamos**
(vosotros/as)		jug-**abais**		com-**íais**		viv-**íais**
(ellos, ellas, ustedes)		jug-**aban**		com-**ían**		viv-**ían**

Verbos irregulares

	IR	SER
(yo)	**iba**	**era**
(tú)	**ibas**	**eras**
(él, ella, usted)	**iba**	**era**
(nosotros/as)	**íbamos**	**éramos**
(vosotros/as)	**ibais**	**erais**
(ellos, ellas, ustedes)	**iban**	**eran**

Usos: a. Acciones contempladas como durativas en el pasado.
b. Acciones repetitivas en el pasado.
c. Descripciones en el pasado.

1. Conteste a la pregunta

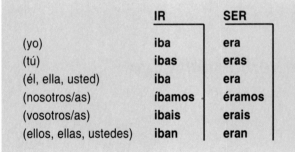

¿Dónde nadabas?/*en el río.* — *Nadaba en el río.*

1. ¿Dónde vivía usted antes?/*en el pueblo.* – ....
2. ¿A qué hora salías de la escuela?/*a las 12.* – ....
3. ¿Cuántos años tenías en 1942?/*cinco años.* – ....
4. ¿Dónde trabajaban ellos antes?/*en la fábrica textil.* – ....
5. ¿A dónde ibais a veranear?/*al mar.* – ....
6. ¿Cómo era tu abuelo?/*simpático.* – ....
7. ¿Quién os invitaba los domingos?/*mi tío Felipe.* – ....

1. Conteste a la pregunta (continuación)

8. ¿Dónde os bañabais en las vacaciones?/*en el mar.* – ....
9. ¿Cuántos cigarrillos fumabas antes?/*2 cajetillas.* – ....
10. ¿Qué vida llevaban ustedes en el pueblo?/*una vida tranquila.* – ....

2. Forme el imperfecto

Yo ahora apenas tengo tiempo para leer. – *Antes tenía más tiempo para leer.*

1. Él ahora apenas fuma. – ....
2. Apenas vamos al cine. – ....
3. Ella apenas lee. – ....
4. Ellos apenas duermen. – ....
5. Vosotros ahora apenas nos visitáis. – ....
6. Usted ahora apenas nos escribe. – ....
7. Nosotros ahora apenas salimos de casa. – ....
8. Tú ahora apenas haces deporte. – ....
9. Él ahora apenas nos llama por teléfono. – ....
10. Yo ahora apenas voy al teatro. – ....

Imperfecto de ESTAR + Gerundio del verbo conjugado

(yo)	estaba	
(tú)	estabas	
(él, ella, usted)	estaba	
(nosotros/as)	estábamos	+ *trabajando, leyendo, durmiendo.*
(vosotros/as)	estabais	
(ellos, ellas, ustedes)	estaban	

3. Cambie el sujeto

Juan estaba llamando por teléfono/*yo* – *Yo estaba llamando por teléfono.*

1. Los niños se estaban bañando/*nosotros.* – ....
2. Ellos estaban comiendo/*ustedes.* – ....
3. Consuelo estaba leyendo la prensa/*tú.* – ....
4. Él estaba bailando/*vosotras.* – ....
5. Nosotros nos estábamos lavando las manos/*usted.* – ....

6. Yo me estaba secando el pelo/*ella.* – ....

7. Pilar estaba durmiendo la siesta/*yo.* – ....

8. Ellos estaban saludando a sus amigos/*tú.* – ....

9. Nosotros estábamos descansando/*ellos.* – ....

10. Ella estaba viendo la televisión/*nosotras.* – ....

El imperfecto

Ya no juego al fútbol.
Antes jugaba al fútbol.

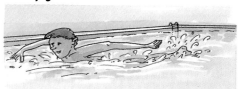

Ahora nado muy poco.
Antes ....

Él ya no bebe.
Antes ....

Ella ya tiene coche.
Antes ....

Usted trabaja mucho.
Antes ....

Ahora no como en casa.
Antes ....

Ya no vamos a esquiar.
Antes ....

Ahora él es millonario.
Antes ....

Ahora vosotros venís muy poco a verme.
Antes ....

Ahora vemos muy poco la televisión.
Antes ....

157

¿Qué estaba haciendo él?/*preparar la comida.* — ***Estaba preparando la comida.***

1. ¿Qué estabas haciendo?/*leer una revista.* — ....
2. ¿Qué estabais haciendo?/*oír música.* — ....
3. ¿Qué estaban ustedes haciendo?/*ver una película.* — ....
4. ¿Qué estaba haciendo María?/*pintarse las uñas.* — ....
5. ¿Qué estaba usted haciendo?/*escribir una carta.* — ....
6. ¿Qué estaban haciendo los niños?/*hacer los deberes.* — ....
7. ¿Qué estabais haciendo?/*limpiarse los zapatos.* — ....
8. ¿Qué estaba haciendo Antonio?/*afeitarse.* — ....
9. ¿Qué estabas haciendo?/*lavarse los dientes.* — ....
10. ¿Qué estaba haciendo usted?/*divertirse.* — ....

••• *Pronombre relativo QUE*

¿esQUEma GRAMAtical 3

		Sujeto	**Complemento directo**
Estoy	*leyendo un libro*	**que** *es muy interesante*	**que** *tú debes leer también*
Estoy	*leyendo una novela*	**que** *es muy divertida*	**que** *debes leer tú también*
Estoy	*leyendo dos libros*	**que** *son muy interesantes*	**que** *tú también debes leer*
Estoy	*leyendo dos novelas*	**que** *son muy divertidas*	**que** *tú también debes leer*
Tengo	*un hermano*	**que** *vive en Madrid*	**que** *todavía tú no conoces*
Tengo	*una hermana*	**que** *vive en Madrid*	**que** *tú no conoces todavía*
Tengo	*unos amigos*	**que** *viven en Madrid*	**que** *tú todavía no conoces*
Tengo	*unas amigas*	**que** *viven en Madrid*	**que** *tú no conoces todavía*

Que: Invariable para masculino y femenino, singular y plural.
Puede ser sujeto y complemento directo.
Puede tener antecedente de cosa y de persona.

5. Utilice el relativo

Tengo un reloj. No funciona bien.   – *Tengo un reloj que no funciona bien.*

1. El museo es muy bonito. Está en la plaza. – ....

2. Los libros son de Juan. Están sobre la mesa. – ....

3. El vestido es muy caro. Me gusta mucho. – ....

4. Nuestra prima vive en Barcelona. Estudia Medicina. – ....

5. Ellos tienen un coche. Gasta mucha gasolina. – ....

6. Hoy tratamos un asunto. Es muy importante. – ....

7. Tenemos unos amigos franceses. Los visitamos muy a menudo. – ....

8. Ella es una actriz. Me gusta mucho. – ....

9. Conozco a una señora muy simpática. Tiene once hijos. – ....

10. Hoy tenemos una visita. No la esperábamos. – ....

Pronombres relativos con preposición

a. **Cosas**

El bolígrafo	**con (el) que** *escribo*	*es un regalo de mi novia.*
La casa	**en (la) que** *vivimos*	*está cerca del centro.*
El examen	**para el que** *me estoy preparando*	*es muy difícil.*
El lugar	**desde el que** *te escribo*	*es un refugio de montaña.*
Los problemas	**sobre los que** *estamos hablando*	*tienen solución.*

b. **Personas**

La persona	**con (la) que** **con quien**	*estamos hablando*	*es una actriz famosa.*
El señor	**para el que** **para quien**	*trabajo*	*es un comerciante italiano.*
Las personas	**de (las) que** **de quienes**	*estoy hablando*	*son muy trabajadoras.*
Los chicos	**con (los) que** **con quienes**	*salimos ahora*	*son muy simpáticos.*

NOTA:

La casa	**en (la) que** **donde**	*vivimos ahora tiene un jardín muy grande.*
El edificio	**en (el) que** **donde**	*tiene lugar el concierto es del siglo XV.*

El pronombre relativo

Me gustan los zapatos negros. Están en el escaparate.
Me gustan los zapatos negros que están en el escaparate.

Dame el periódico. Está sobre la mesa.
Dame el periódico que está sobre la mesa.

Aquel señor es director de cine. Fuma en pipa.
....

Aquella casa es muy antigua. Está junto al cine.
....

Estos señores son alemanes. Están tomando café.
....

Aquellas chicas son muy guapas. Luis las está saludando.
....

Este cuadro es de Picasso. Representa la guerra.
....

Este disco es muy bueno. Lo estamos escuchando ahora.
....

El pronombre relativo

La playa es muy rocosa.
Vamos a esa playa a bañarnos.

La playa a la que (a donde) vamos a bañarnos es muy rocosa.

Estas torres son las más altas.
En estas torres estamos ahora.
Estas torres ....

La ciudad es un centro industrial importante.
El tren pasa por la ciudad.
La ciudad ....

El país tiene altas montañas.
Estamos volando sobre el país.
El país ....

Trabajo en una empresa.
La empresa exporta frigoríficos.
La empresa ....

Este edificio tiene un restaurante.
Desde el restaurante se ve toda la ciudad.
Este edificio ....

ahora   hay
antes   había

6. Complete la frase con un relativo

El libro .... trabajamos en clase es muy difícil.

– *El libro con el que trabajamos en clase es muy difícil.*

1. El señor .... estaba hablando es director de un banco.

2. Las chicas .... vamos hoy al cine son alemanas.

3. El hotel .... estamos tiene una piscina.

4. La calle .... paso todos los días está ahora cortada.

5. El autobús .... viajamos es muy cómodo.

6. La ciudad .... vivo tiene muchas industrias.

7. El pueblo .... vamos todos los veranos está en las montañas.

8. Tengo unos amigos .... pienso mucho.

9. La empresa .... ella trabaja es americana.

10. Los señores .... Pedro está saludando trabajan en una orquesta.

162

- **QUÉ exclamativo +** | **adjetivo/adverbio**
  sustantivo + TAN + adjetivo

1. ¡Qué sed tengo!
2. ¡Qué simpático es Miguel!
3. ¡Qué bien habla!
4. ¡Qué paella tan rica!

7. Forme el imperfecto

Ahora hay muy pocos peces en este río.   – *Antes había muchos peces.*

1. En este pueblo hay ahora muchas fábricas.   – ....
2. En esta calle hay ahora mucho tráfico.   – ....
3. En esta costa hay ahora muchos hoteles.   – ....
4. En este parque hay ahora pocos pájaros.   – ....
5. Ahora hay mucha gente sin trabajo.   – ....
6. Ahora hay muchos coches.   – ....
7. En este jardín hay ahora pocas flores.   – ....
8. Ahora hay menos enfermedades.   – ....
9. Ahora hay muchos drogadictos en el mundo.   – ....

8. Utilice ¡Qué...!

Hoy hace mucho frío.   – *¡Qué frío hace hoy!*

1. Aquella rosa es muy bonita.   – ....
2. María está delgada.   – ....
3. Este sillón es muy cómodo.   – ....
4. Manolo habla muy bien francés.   – ....
5. Estos tomates son muy caros.   – ....
6. Este vino está muy bueno.   – ....
7. Estas chicas son muy simpáticas.   – ....
8. Carmen tiene muy buen humor.   – ....
9. Esta casa es muy grande.   – ....
10. Esta playa está muy sucia.   – ....

9. Describa estas escenas

Describa lo que hacía María cuando estudiaba en la universidad.

Describa lo que hacía usted de niño/cuando era niño.

....
....
....
....
....
....
....
....
....
....

MEMORIA DEL TIEMPO PASADO

TEST DE EVALUACIÓN 3 (Lecciones 11 a 15)

I. Utilice el verbo más apropiado: querer, deber, gustar, pensar, preferir, poder.

1. Me .... mucho montar en bicicleta.
2. No .... comprarnos un coche porque no tenemos dinero.
3. ¿Qué .... hacer tú? ¿Ir al cine o dar un paseo?
4. Usted .... ver esta película. Es muy interesante.
5. ¿Tenéis algún plan para mañana? Sí, ... ir de excursión a Toledo.
6. Luis .... ir este verano a Alemania para aprender alemán.

II. Conteste negativamente

1. ¿Comprende usted algo?
2. ¿Hay algún asiento libre?
3. ¿Tiene usted alguna pregunta?
4. ¿Tenéis algún plan para mañana?

III. Utilice el imperativo y el pronombre personal

1. ¿Enciendo la luz?/*Sí.*
2. ¿Os voy a recoger a casa?/*Sí.*
3. ¿Cerramos los libros?/*No.*
4. ¿Me pongo los pantalones negros?/*Sí.*
5. ¿Le envuelvo el regalo?/*Sí.*

IV. Forme el imperativo

1. Vosotros nunca sois puntuales.
2. Tú nunca tienes paciencia.
3. Ustedes nunca oyen las noticias.
4. Usted nunca va al teatro.
5. Vosotras nunca hacéis los ejercicios.

V. Utilice el comparativo o superlativo

1. Este abrigo negro me gusta mucho, pero el marrón me gusta ....
2. Antonio habla bien inglés, pero Pedro es el que .... lo habla.
3. Yo trabajo poco, pero tú trabajas .... que yo.
4. Este queso huele mal, pero aquel huele ....
5. Usted juega muy bien al tenis, pero él juega ....

VI. Tener que / deber / hay que

1. Me levanto muy temprano porque .... estar a las 7 en la oficina.
2. Usted está enfermo. No .... ir mañana a trabajar.
3. Para saber bien un idioma .... estudiar mucho.
4. No podemos ir con vosotros porque .... recoger a nuestros padres del aeropuerto.
5. Tú siempre llegas tarde .... ser más puntual.

VII. ¿Qué preposición falta?

1. .... verano hace mucho calor en Madrid.
2. Nosotros nos quedamos en Barcelona .... la semana próxima.
3. .... esta torre ustedes pueden ver toda la ciudad.
4. Nos gusta sentarnos .... de la chimenea.
5. Los jueves .... la tarde no tengo clases .... la universidad.

VIII. Forme el imperfecto

1. Mi abuelo Juan .... (ser) muy simpático.
2. Siempre .... (estar) de buen humor y nos ... (contar) historias muy divertidas.
3. ¿Qué profesión .... (tener)?
4. .... (trabajar) para una empresa extranjera que .... (exportar) productos químicos.
5. ¿Cuántos idiomas .... (saber)?
6. .... (hablar) muy bien francés e inglés, también .... (comprender) algo de alemán.

IX. Ponga el pronombre relativo

1. La casa .... vivo tiene cinco plantas.
2. Aquel edificio .... ven ustedes a la derecha es el Ayuntamiento.
3. El pueblo .... vamos en verano tiene muchas playas.
4. La señora .... Pedro está hablando es la directora.
5. Aquel señor .... María está saludando es nuestro profesor.

PREGUNTAS 47 • ACIERTOS ....

En el hospital

¡HOLA, MANOLO! ¿CÓMO ESTÁS TODAVÍA EN LA CAMA? SON YA LAS DOCE. ¿NO TE ENCUENTRAS BIEN?

ESTOY BASTANTE CANSADO. AYER TUVE UN DÍA MUY AJETREADO Y ME FUI MUY TARDE A LA CAMA.

¿QUÉ TUVISTE QUE HACER?

¿SABES? MI PADRE SE CAYÓ AYER POR LA ESCALERA Y TUVIMOS QUE INGRESARLE EN EL HOSPITAL.

¿ESTABAS SOLO EN CASA CUANDO OCURRIÓ EL ACCIDENTE?

NO, MI MADRE OYÓ EL RUIDO Y SALIÓ CORRIENDO. INTENTÓ LEVANTARLO, PERO NO PUDO Y LLAMÓ ENSEGUIDA A UNA AMBULANCIA.

¡CUÁNTO LO SIENTO! ¿ESTÁ GRAVE?

AL PRINCIPIO CREÍAMOS QUE TENÍA LA PIERNA ROTA, PERO EN EL HOSPITAL, EL MÉDICO NOS DIJO QUE LA PIERNA ESTABA SOLAMENTE DISLOCADA.

¿CUÁNDO TE ENTERASTE TÚ?

DOS HORAS DESPUÉS DEL ACCIDENTE. ME PEGUÉ UN GRAN SUSTO Y ME PUSE MUY NERVIOSO, YA QUE ME TEMÍ LO PEOR. CUANDO LLEGUÉ AL HOSPITAL, ME TRANQUILICÉ UN POCO. ME QUEDÉ CON ÉL HASTA LAS SEIS DE LA MAÑANA; LE DIERON UN CALMANTE Y PUDO DORMIR BIEN; DESPUÉS ME VINE A CASA A DESCANSAR UN POCO.

ENTONCES, TE DEJO DESCANSAR. ¡Y QUE SE MEJORE TU PADRE!

GRACIAS. ADIÓS.

Preguntas

1. ¿Por qué está todavía Manolo en la cama? ¿No se encuentra bien?
2. ¿Por qué se acostó ayer Manolo tarde?
3. ¿Qué le pasó al padre de Manolo?
4. ¿Estaba su padre solo cuando ocurrió el accidente?
5. ¿Pudo su mujer levantarlo? ¿Qué hizo ella?
6. ¿Qué ies dijo el médico?
7. ¿A qué hora se enteró Manolo del accidente?
8. ¿Por qué se puso Manolo muy nervioso?
9. ¿Hasta qué hora se quedó Manolo en el hospital?
10. ¿Pudo dormir bien el padre de Manolo?

Pretérito indefinido: Verbos regulares

	– ar		**– er**		**– ir**	
(yo)	*llamar*	llam-**é**	*comer*	com-**í**	*salir*	sal-**í**
(tú)		llam-**aste**		com-**iste**		sal-**iste**
(él, ella, usted)		llam-**ó**		com-**ió**		sal-**ió**
(nosotros/as)		llam-**amos**		com-**imos**		sal-**imos**
(vosotros/as)		llam-**asteis**		com-**isteis**		sal-**isteis**
(ellos, ellas, ustedes)		llam-**aron**		com-**ieron**		sal-**ieron**

Verbos irregulares

	dar	**decir**	**ir/ser**	**poder**
(yo)	**di**	**dije**	**fui**	**pude**
(tú)	**diste**	**dijiste**	**fuiste**	**pudiste**
(él, ella, usted)	**dio**	**dijo**	**fue**	**pudo**
(nosotros/as)	**dimos**	**dijimos**	**fuimos**	**pudimos**
(vosotros/as)	**disteis**	**dijisteis**	**fuisteis**	**pudisteis**
(ellos, ellas, ustedes)	**dieron**	**dijeron**	**fueron**	**pudieron**

	poner	**estar**	**tener**	**venir**
(yo)	**puse**	**estuve**	**tuve**	**vine**
(tú)	**pusiste**	**estuviste**	**tuviste**	**viniste**
(él, ella, usted)	**puso**	**estuvo**	**tuvo**	**vino**
(nosotros/as)	**pusimos**	**estuvimos**	**tuvimos**	**vinimos**
(vosotros/as)	**pusisteis**	**estuvisteis**	**tuvisteis**	**vinisteis**
(ellos, ellas, ustedes)	**pusieron**	**estuvieron**	**tuvieron**	**vinieron**

anoche		
ayer/anteayer		a. Acción cerrada, terminada en el pasado.
la semana pasada	+ Pretérito indefinido	
el mes pasado		b. Acción única en el pasado.
el año pasado		

- - -

1. Conteste la pregunta

¿Por dónde se cayó ayer tu padre?/*escalera*. — *Se cayó por la escalera.*

1. ¿A dónde fuisteis ayer?/*cine*. – ....
2. ¿Dónde estuvieron ustedes ayer?/*teatro*. – ....
3. ¿A quiénes visitaste ayer?/*mis primos*. – ....
4. ¿Qué comió usted ayer?/*paella*. – ....
5. ¿Qué cantaron ayer los niños?/*una canción*. – ....
6. ¿Qué se puso ella ayer?/*abrigo azul*. – ....
7. ¿Cuántos invitados tuvisteis ayer?/*cinco*. – ....
8. ¿Qué te dijo Pepe ayer?/*nada*. – ....
9. ¿Qué os dio Juan ayer?/*dinero*. – ....
10. ¿Qué no pudieron ustedes encontrar ayer?/*taxi libre*. – ....

- - -

2. Forme el indefinido

Hoy estamos en el fútbol/*ayer*. — *Ayer estuvimos en el fútbol.*

1. Hoy tenemos invitados/*la semana pasada*. – ....
2. Ellos van hoy al teatro/*anoche*. – ....
3. Él se levanta a las nueve/*ayer*. – ....
4. Ella escucha la radio/*ayer por la noche*. – ....
5. Hoy me pongo el traje azul/*ayer por la mañana*. – ....
6. Ellos están en Londres/*el mes pasado*. – ....
7. Vosotros no me decís nada/*ayer*. – ....
8. El enfermo no puede dormir bien/*anoche*. – ....
9. ¿Qué cenan ustedes?/*ayer por la noche*. – ....
10. La fiesta es muy divertida/*ayer*. – ....

Pretérito indefinido

Él está enfermo.
Ayer él estuvo enfermo.

Hoy llueve mucho.
La semana pasada ....

Ellos van a bailar.
Anoche ....

La conferencia es muy interesante.
Ayer ....

Tenemos mucho trabajo en la oficina.
El mes pasado ....

Muchos turistas vienen a España.
El año pasado ....

Ella se pone el sombrero negro.
Ayer por la tarde ....

No podemos ir al cine.
El domingo pasado ....

Tú no me dices la verdad.
Anteayer ....

Usted viene muy tarde a casa.
Ayer por la noche ....

• • • *Pretérito indefinido del verbo ESTAR + Gerundio*

(yo)	**estuve**	
(tú)	**estuviste**	
(él, ella, usted)	**estuvo**	+ *trabajando, comiendo, escribiendo.*
(nosotros/as)	**estuvimos**	
(vosotros/as)	**estuvisteis**	
(ellos, ellas, ustedes)	**estuvieron**	

• • • **3. Conteste a la pregunta**

¿Qué estuviste haciendo ayer por la tarde?/
escribir cartas.   – *Estuve escribiendo cartas.*

1. ¿Qué estuvisteis haciendo ayer por la noche?/
    bailar en la discoteca.   – ....

2. ¿Qué estuvieron haciendo ustedes ayer por la
    tarde?/*ver escaparates.*   – ....

3. ¿Qué estuvo usted haciendo ayer al medio
    día?/*bañarse en la playa.*   – ....

4. ¿Qué estuviste haciendo ayer en la estación?/
    informarse.   – ....

5. ¿Qué estuvo haciendo María ayer por la maña-
    na?/*lavarse la cabeza.*   – ....

6. ¿Qué estuvieron haciendo ellos ayer toda la
    tarde?/ *estudiar para el examen.*   – ....

7. ¿Qué estuvisteis haciendo en Inglaterra?/*hacer
    un curso de inglés.*   – ....

8   ¿Qué estuvo usted haciendo ayer desde las 9
    hasta las 12?/*oír la radio.*   – ....

9. ¿Qué estuviste haciendo ayer en la clase?/
    corregir los ejercicios.   – ....

10. ¿Qué estuvo Juan haciendo ayer en Correos?/
    echar unas cartas.   – ....

4. Utilice el pretérito indefinido

1. Mis padres me .... (*llamar*) ayer por teléfono.
2. El tren .... (*salir*) anoche con retraso.
3. Nosotros .... (*ir*) el jueves pasado al teatro.
4. Carmen se .... (*poner*) ayer el vestido rojo.
5. Yo .... (*estar*) el año pasado en Francia.
6. Él no .... (*poder*) venir la semana pasada.
7. Usted no nos .... (*decir*) ayer la verdad.
8. Vosotros os .... (*poner*) ayer muy nerviosos.
9. Ellos .... (*venir*) anteayer de Inglaterra.
10. Ayer por la noche ustedes .... (*beber*) mucho vino.

5. Conteste a la pregunta

¿Estuvisteis ayer viendo la película de Polanski? — *Sí, la estuvimos viendo.*
— *No, no la estuvimos viendo.*

1. ¿Te estuviste ayer bañando en la playa?
   —
   —
2. ¿Estuvo usted anoche bailando?
   —
   —
3. ¿Estuvieron ustedes anoche jugando al póquer?
   —
   —
4. ¿Estuvisteis veraneando el año pasado en la sierra?
   —
   —
5. ¿Estuvo usted ayer hablando por teléfono?
   —
   —
6. ¿Estuviste ayer estudiando toda la noche?
   —
   —
7. ¿Estuvisteis charlando ayer mucho tiempo con él?
   —
   —
8. ¿Estuvo el niño llorando anoche mucho tiempo?
   —
   —
9. ¿Estuvisteis toda la mañana montando en bicicleta?
   —
   —
10. ¿Estuvo usted el mes pasado haciendo un curso
    en Inglaterra?
    —

Pronombres relativos

	Masculino	**Femenino**
Singular	**el que**	**la que**
Plural	**los que**	**las que**

*Este libro es interesante, pero **el que** leí la semana pasada me gustó más.*
*Esta película es divertida, pero **la que** vimos ayer fue más divertida.*
*Estos zapatos son caros, pero **los que** están en el escaparate son mucho más caros.*
*Las peras que hay en el árbol están aún verdes, pero **las que** están en el frutero están ya maduras.*

6. Siga el modelo

Los peces que había en el estanque eran grandes. Río/mayores.

– *Los que había en el río eran mayores.*

1. Los turistas que llegaron en primer lugar eran alemanes. *Segundo lugar/ingleses.*

 – ....

2. Los pantalones que están en el perchero me gustan. *En el escaparate/más.*

 – ....

3. Las torres que ves al oeste son románicas. *Al este/góticas.*

 – ....

4. El jersey que yo tengo es verde. *Ella/azul.*

 – ....

5. Las gafas que están en la mesa son tuyas. *En la cocina/de mi madre.*

 – ....

6. Los tomates que compré la semana pasada me costaron 80 ptas. *Ayer/95.*

 – ....

7. El señor que vino anteayer es abogado. *Ayer/juez.*

 – ....

8. El hotel en el que ellos están es muy caro. *Nosotros/más barato.*

 – ....

9. La empresa para la que trabajé cinco años era francesa. *Ahora/española.*

 – ....

10. Los niños que están jugando en el jardín son mis hijos. *En la calle/los del vecino.*

 – ....

7. Formule la pregunta

Ayer conocí *a una chica muy guapa*. — ¿A quién conociste ayer?

1. Esta mesa es *de madera*.
   – ....
2. Ella se puso un *vestido de noche* para el concierto.
   – ....
3. Nosotros tenemos *dos coches*.
   – ....
4. Prefiero *los zapatos azules*.
   – ....
5. De primer plato quiero *una sopa de pescado*.
   – ....
6. Mi casa tiene *cuatro habitaciones*.
   – ....
7. Ayer nos examinamos *de matemáticas*.
   – ....
8. Ella se casó con *un millonario*.
   – ....
9. *Aquellos jóvenes* son mis hermanos.
   – ....
10. *El abrigo que está* en la silla es mío.
    – ....

Pronombres interrogativos

a. **Personas**   ¿Quién? ¿Quiénes?
b. **Cosas/personas**   ¿Qué?
c. **Cosas/personas**   ¿Cuál? ¿Cuáles?
d. **Cosas/personas**   ¿Cuánto/a? ¿Cuántos/as?

a. *Hoy nos visita nuestro amigo.* ¿**Quién** nos visita hoy?
   Hoy nos visitan nuestros amigos. ¿**Quiénes** nos visitan hoy?
   Esta carta es para Carmen. ¿Para **quién** es esta carta?
   Aquel coche es del director. ¿De **quién** es aquel coche?

b. *Leo una novela de aventuras.* ¿**Qué** lees?
   Él escribe con pluma. ¿Con **qué** escribe él?
   Estas medias son de lana. ¿De **qué** son estas medias?
   Mi padre es ingeniero. ¿**Qué** es tu padre?
   Yo prefiero un perfume suave. ¿**Qué** perfume prefieres?

c) *Allí hay tres señores.* ¿**Cuál** es el profesor?
   Aquí hay tres gafas. ¿**Cuáles** son las tuyas?
   Este es un perfume francés y ese es un perfume oriental. ¿**Cuál** prefieres?

d) *Él tiene mucho dinero.* ¿**Cuánto** dinero tiene?
   En el concierto había mucha gente. ¿**Cuánta** gente había en el concierto?
   Ellos tienen cuatro hijos. ¿**Cuántos** hijos tienen?
   Nos bebimos ocho botellas de vino. ¿**Cuántas** botellas os bebisteis?

Tú fumas mucho   !**cuánto** fumas!
Tengo mucha hambre   !**cuánta** hambre tengo!
Este jardín tiene muchas flores   !**cuántas** flores tiene este jardín!

El pronombre interrogativo

Este collar es de mi madre.
¿De quién es este collar?

Él se compró el sombrero negro.
....

Aquella señora es maestra.
....

La semana pasada vi a tu hermana.
....

Hoy vamos al cine con Antonio.
....

Ayer hablé con mis padres.
....

Este edificio tiene cuatro plantas.
....

El paraguas amarillo es mío.
....

Este niño llora mucho.   – *¡Cuánto llora este niño!*

1. Ayer nos divertimos mucho.   – ....
2. Hoy hay mucha gente en la playa.   – ....
3. Vosotros bebéis mucha agua.   – ....
4. Usted tiene muchos libros.   – ....
5. La película nos gustó muchísimo.   – ....
6. Ella tiene muchas joyas.   – ....
7. En el mundo hay muchas guerras.   – ....
8. Tu habitación tiene mucha luz.   – ....
9. Ayer nos aburrimos muchísimo.   – ....
10. Ellos tienen muchos cuadros.   – ....

Dos trabajadores murieron ayer .... las obras .... la autopista que se construye .... León y Asturias, ... el túnel que atraviesa el puerto de Pajares. Los dos trabajadores formaban parte .... la plantilla de Autobuses Blanco y se dedicaban .... transporte de trabajadores de las obras .... esta autopista. El accidente ocurrió cuando los dos trabajadores viajaban .... un turismo .... el túnel y una piedra .... gran tamaño se desprendió y cayó .... el vehículo. Los dos obreros murieron .... el acto. Al parecer, el accidente se produjo .... falta de medidas .... seguridad. Inmediatamente .... accidente los trabajadores paralizaron las obras y convocaron .... mañana un paro en señal .... protesta.

SUCESOS

SUCESOS

Detenido cuando hacía carreras por la ciudad en estado ebrio

Dió
Agentes de la Policía Municipal detuvieron en la
de ayer

SUCESOS

Detienen a atracadores de una gasolinera tras una ardua persecución

MADRID.— Los integrantes de un coche policial que patrullaba p
las inmediaciones detuvieron
a dos presuntos at
gasolinera

Cuatro muertos tras precipitarse un helicóptero en el mar

● El único superviviente, que se encuentra en estado grave, logró saltar del aparato antes de la colisión

EL MUNDO

OVIEDO.— Los cadáveres
de los cuatro

Muere un piloto tras chocar su avioneta con un cable eléctrico de alta tensión

EL INDEPENDIEN
Córdoba. Un piloto mu
ayer cuando la avioneta
que trabajaba cayó c
barriada cordob

TRAFICO

El sábado, primeros atascos nocturnos en el centro de la ciudad

MADRID.— El tráfico en la ciuda
se ha ido intensificando paulatina
mente durante la última sem
El sábado por la noche, s

Protesta vecinal por un derrumbamiento

Más de 10.000 personas se manifestaron anoche en Barcelona, en solidaridad con los afectados por el hundi
de un bloque en

■ SUCESOS / Tres muertos en una explosi

Fallecen 24 personas en el incendio de

FE / **NUEVA YORK**
Un incendio que se extendió
rápidamente por las dependen-
cias de «Imperial Foods», una

que tienen problemas para loca-
lizar más cuerpos, que podrían
estar en el interior de la nave,
debido al humo y a la alta ten

¿Qué tal el viaje?

Pepe: ¡Hola!¿Qué tal el viaje?

Miguel: Muy mal. Tuvimos muy mala suerte. El coche se averió varias veces, y no pudimos llegar a nuestra meta por falta de tiempo.

Pepe: ¿Qué os pasó?

Miguel: El primer día de viaje hizo un tiempo malísimo. Estuvo lloviendo todo el día y tuvimos que conducir muy despacio, ya que la carretera estaba muy peligrosa.

Pepe: ¿Dónde hicisteis noche?

Miguel: En el Parador de Gredos. Pero no pudimos ver nada por la lluvia y la espesa niebla.

Carmen: Al día siguiente, nos pusimos muy temprano en carretera. Conduje yo porque a Miguel le dolía mucho la cabeza, pero no llegamos muy lejos.

Pepe: ¿Por qué?

Miguel: El radiador del coche se estropeó y tuvimos que avisar a una grúa.

Pepe: ¡Qué mala suerte!

Miguel: ¡Eso no fue todo! Cuando ya estábamos otra vez en carretera, se nos volvió a estropear el coche. Esta vez fue una avería en la caja de cambios.

Pepe: ¿Y qué hicisteis?

Carmen: Avisar a un mecánico. Pero, como ya era muy tarde, no hubo otra solución que pasar allí la noche, en un hostal.

Miguel: A la mañana siguiente, regresamos a casa con un humor de perros. ¡A esto se redujo nuestro soñado viaje!

Pepe: ¡Cuánto lo siento!

Preguntas

1. ¿Pudieron hacer Carmen y Miguel su viaje soñado?
2. ¿Qué les pasó el primer día de viaje?
3. ¿Dónde hicieron noche?
4. ¿Pudieron ver algo del paisaje? ¿Por qué?
5. ¿A qué hora se pusieron en carretera al día siguiente?
6. ¿Por qué tuvo que conducir Carmen?
7. ¿Qué les volvió a pasar?
8. ¿Qué tuvieron que hacer?
9. ¿Dónde pasaron la noche?
10. ¿Cuándo y cómo regresaron Carmen y Miguel?

Pretéritos indefinidos irregulares

Pretéritos fuertes con **u**		Pretéritos fuertes con **j**		Pretéritos fuertes con **i**	
andar	anduve	conducir	conduje	convenir	convine
caber	cupe	decir	dije	hacer	hice
estar	estuve	deducir	deduje	querer	quise
poder	pude	distraer	distraje	venir	vine
poner	puse	producir	produje		
saber	supe	reducir	reduje		
tener	tuve	traducir	traduje		
haber	hube	traer	traje		

1. Conteste a la pregunta

¿Hiciste el ejercicio?   – *Sí, sí lo hice* / – *No, no lo hice.*

1. ¿Hicisteis ayer la excursión?   – ....
2. ¿Condujo él el coche?   – ....
3. ¿Tradujo usted el texto?   – ....
4. ¿Tuvieron ustedes suerte?   – ....
5. ¿Os dijo el policía la dirección?   – ....
6. ¿Os trajeron el televisor?   – ....
7. ¿Te pusiste el traje azul?   – ....
8. ¿Supisteis la pregunta?   – ....
9. ¿Convinieron ellos la fecha?   – ....
10. ¿Pudiste resolver el problema?   – ....

El pretérito indefinido

¿Dónde estuvisteis ayer?
(en la playa) ....

¿Cuántas personas hubo en la fiesta?
(muchas) ....

¿Qué te dijo ayer Carmen?
(nada) ....

¿A dónde fueron ustedes anoche?
(Casino) ....

¿Dónde dieron la fiesta?
(en el jardín) ....

¿Cómo viniste de Londres?
(en avión) ....

¿Qué te trajeron tus padres de España?
(una guitarra) ....

¿A dónde no quisieron ir los niños?
(la escuela) ....

¿Qué pusieron ayer en la televisión?
(una película) ....

¿Qué hizo usted ayer por la tarde?
(una excursión) ....

2. Forme el indefinido

El avión no puede salir por la intensa niebla. — *El avión no pudo salir por la intensa niebla.*

1. No cabe nadie más en la sala. — ....
2. Lo hacemos como siempre. — ....
3. Quiero comprar un reloj. — ....
4. ¿A qué hora vienen ellos? — ....
5. Nosotros no sabemos nada. — ....
6. Pedro se pone los guantes. — ....
7. ¿Qué traduce María? — ....
8. ¿Por qué no traéis el coche? — ....
9. Tú dices muchas tonterías. — ....
10. No tengo tiempo para nada. — ....

• • • *Pretéritos indefinidos con cambio vocálico*

esQUEma GRAMAtica 2

a. e>i, excepto delante de **-i- tónica**.

pedir	**ped**-í	– **í**
corregir	**ped**-iste	– **iste**
elegir	**pid**-ió	– **ió**
impedir	**ped**-imos	– **imos**
medir	**ped**-isteis	– **isteis**
repetir	**pid**-ieron	– **ieron**
servir		
seguir		
vestir		

b. o>u, excepto delante de **-i- tónica.**

dormir	**dorm**-í	– **í**
morir	**dorm**-iste	– **iste**
	durm-ió	– **ió**
	dorm-imos	– **imos**
	dorm-isteis	– **isteis**
	durm-ieron	– **ieron**

• • • 3. Conteste a la pregunta

¿A quién pediste un bolígrafo?/*profesor.* — *Se lo pedí al profesor.*

1. ¿A quién corrigió la profesora los ejercicios?/*alumnos.* — ....
2. ¿Quién os sirvió la comida?/*una camarera.* — ....
3. ¿A quién eligieron ellos presidente de honor?/*mi padre.* — ....
4. ¿Qué os repitió él?/*su número de teléfono.* — ....
5. ¿Qué siguió usted haciendo?/*el ejercicio.* — ....

3. Conteste a la pregunta (continuación)

6. ¿Cómo se vistieron ellos para el concierto?/*muy elegantes.*   – ....
7. ¿Cuántas horas durmió usted ayer?/*cinco horas.*   – ....
8. ¿Con cuántos años murió tu abuelo?/*82 años.*   – ....
9. ¿A quiénes impidieron la entrada?/*menores de 18 años.*   – ....
10. ¿Dónde durmieron ustedes anoche?/*hostal.*   – ....

Pretérito indefinido de verbos con vocal al final del radical

leer	(yo)	**le**-í	– **í**
caer(se)	(tú)	**le**-íste	– **iste**
creer	(él, ella, usted)	**ley**-ó	– **ó**
construir	(nosotros/as)	**le**-ímos	– **imos**
contribuir	(vosotros/as)	**le**-ísteis	– **ísteis**
destruir	(ellos, ellas, ustedes)	**ley**-eron	– **eron**
incluir			
oír			

esQUEma GRAMATICAl 3

4. Conteste a la pregunta

¿Qué contribuyó al retraso del avión?/
la intensa niebla.

– *La intensa niebla contribuyó al retraso del avión.*

1. ¿Quién no os creyó?/*Carmen.*   – ....
2. ¿Qué leyeron ellos en la iglesia?/*la Biblia.*   – ....
3. ¿Quién construyó este castillo?/*los árabes.*   – ....
4. ¿Qué destruyeron las bombas?/*toda la ciudad.*   – ....
5. ¿Qué oísteis ayer en el concierto?/*la 9ª sinfonía de Beethoven.*   – ....
6. ¿A quién no incluyó usted en la lista?/ *los no matriculados.*   – ....
7. ¿Por dónde se cayó Antonio?/*las escaleras.*   – ....
8. ¿Por qué te excluyeron del equipo?/ *por una lesión.*   – ....
9. ¿Quiénes constituyeron la asamblea?/ *la dirección y os trabajadores.*   – ....
10. ¿Qué oyeron ustedes ayer por la radio?/ *las noticias.*   – ....

Pretérito indefinido ● ● ● ●

La policía siguió al ladrón.
¿Quién siguió al ladrón?

Ayer sólo dormí dos horas.
¿Cuántas horas ....?

En la aduana nos pidieron el pasaporte.

....

Carmen no oyó el teléfono.

....

Nuestra abuela murió a los ochenta años.

....

Ayer leí un libro muy interesante.

....

Los árabes construyeron este castillo.

....

El señor López se cayó por la escalera.

....

El año pasado hicimos un viaje por toda Europa.

....

Ella prefirió el vestido blanco.

....

184

5. Diga lo contrario

Este coche tiene *mucha* potencia.　　　　　　　– *El coche tiene poca potencia.*

1. Se oyó *algo* en la calle. – ....
2. No tuve *ninguna* duda. – ....
3. Lo entendimos *todo*. – ....
4. Teníais *mucho* que hacer. – ....
5. *Alguien* te estuvo buscando buscando ayer. – ....
6. *Nadie* ha visto *nada*. – ....
7. Le quedan *algunas* monedas. – ....
8. Así no se demuestra *nada*. – ....
9. Faltaba *mucho* para el verano. – ....
10. No tengo *ningún* inconveniente. – ....

Adjetivos y pronombres indefinidos

alguien	*¿Me llamó **alguien** por teléfono?*
nadie	*No, no te llamó **nadie**.*
algún/alguno/a/os/as	*¿Tienes **algún** problema?*
ningún/ninguno/a/os/as	*No, no tengo **ninguno**.*
algo	*¿Comprendes **algo**?*
nada	*No, no comprendo **nada**.*
todo/a/os/as	*¿Comprende usted **todo**?*
poco/a/os/as	*No, sólo comprendo un **poco**.*
mucho/a/os/as	*Nosotros tenemos **muchos** amigos./Tenemos **muchos**.*
bastante/s	*¿Tienes **bastante** dinero?/Sí, tengo **bastante**.*
otro/a/os	*¿Quieres **otra** taza de café?/Sí, dame **otra**.*
cada	*La madre le dio a **cada** hijo cinco mil pesetas./Le dio a **cada** uno 5.000 ptas.*
	*La madre le dio a **cada** hija cinco mil pesetas./Le dio a **cada** una 5.000 ptas.*

NOTAS: **Otro/a** puede llevar artículo determinado, pero nunca el artículo indeterminado:
　　　　　　　¡Haz el otro ejercicio!　　　¡Haz el otro!　　　¡Haz otro!

　　　　Cada tiene la misma forma para masculino y femenino y no tiene plural. Su valor es distributivo.

Adjetivos y pronombres indefinidos

¿Conoces a alguien?
No, no conozco a nadie.

¿Tienes algo fresco para beber?
No, ...

¿Quiere usted otra taza de té?
Sí, ...

¿Hay allí otro asiento libre?
Sí, ...

¿Me puede enseñar otros pantalones más baratos?
Sí, ...

¿Jugáis al tenis todos los fines de semana?
Sí, ...

¿Tienen ustedes mucha prisa?
Sí, ...

¿Tiene tu calle poco tráfico?
No, ...

¿Tiene usted algo que declarar?
No, ...

¿Hay bastantes tomates para la ensalada?
Sí, ...

6. Conteste a la pregunta

¿Había alguien en casa?   – *Sí, había alguien.* / – *No, no había nadie.*

1. ¿Hay alguien en este asiento?   – ....
2. ¿Hay algo en este cajón?   – ....
3. ¿Ve usted algo?   – ....
4. ¿Vino ayer alguien?   – ....
5. ¿No tomasteis nada?   – ....
6. ¿No fue nadie a la conferencia?   – ....
7. ¿Os dijo él algo del asunto?   – ....
8. ¿No hay nadie en la habitación?   – ....

7. Utilice un adjetivo o un pronombre indefinido

1. ¿Desea usted .... más?
2. Él va .... los domingos al cine.
3. No tengo .... billete de cien pesetas.
4. No compres queso. Tenemos aún ....
5. ¿Quieres .... vaso de vino?
6. .... estudiante tiene que pagar tres mil pesetas de matrícula.
7. .... las mañanas hago gimnasia.
8. Este país tiene .... problemas económicos.

8. Utilice *cada*

Él va a clase *todos* los días.   – *Él va a clase cada día.*

1. Ella les dio un beso a *todos* los niños.   – ....
2. El ministro conversó con *todos* los periodistas.   – ....
3. Yo leo *todos* los anuncios del periódico.   – ....
4. *Todas* las mañanas hacemos gimnasia.   – ....
5. *Todos* los ejercicios hay que repetirlos varias veces.   – ....
6. *Todos* los deportistas deben entrenarse dos horas diariamente.   – ....
7. *Todas* las solicitudes tienen que estar firmadas.   – ....
8. *Todos* los habitantes tienen que pagar impuestos.   – ....

SAN LORENZO DE EL ESCORIAL. VALLE DE LOS CAÍDOS

A 50 km. de Madrid, por la Nacional VI, se encuentra El Escorial, pueblo de la sierra de Madrid, famoso por el Monasterio de San Lorenzo, construido por Juan de Herrera (1563-1584), según órdenes de Felipe II, para conmemorar la batalla de San Quintín. En su interior podemos visitar el panteón con las tumbas de los reyes de España y el palacio, con una maravillosa colección de pintura de autores tan famosos como El Greco, Velázquez, Rubens, Durero, Tintoretto, etcétera.

A 14 km. se encuentra el Valle de los Caídos, monumento que Franco mandó construir para conmemorar a los caídos en la guerra civil de 1936-1939.

SEGOVIA LA GRANJA DE SAN ILDEFONSO

A 87 km. de Madrid se encuentra Segovia, una de las ciudades más antiguas de España, famosa por su Acueducto, maravillosa obra de la ingeniería romana. También hay que destacar su catedral gótica, llamada "La Dama de las Catedrales", y el Alcázar con un bellísimo torreón desde el que se divisa un gran panorama.

En el Real Sitio de la Granja de San Ildefonso, situado a 11 km. de Segovia, Felipe V mandó construir un palacio rodeado de jardines y fuentes al estilo de Versalles. El palacio tiene bellísimas lámparas de la antigua fábrica de cristal.

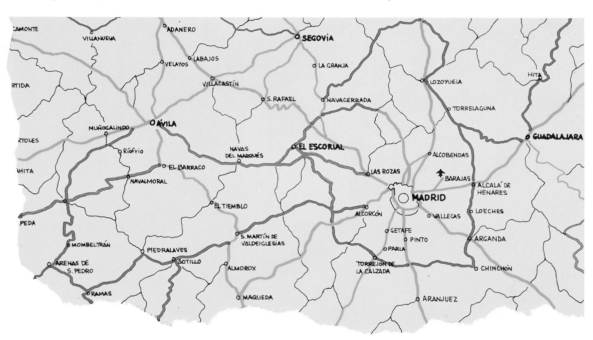

Conteste a las siguientes preguntas:

1. ¿A cuántos kilómetros de Madrid se encuentra El Escorial y qué carretera hay que coger para llegar allí?
2. ¿Por qué mandó construir Felipe II el Monasterio de El Escorial?
3. ¿Qué podemos visitar en el Monasterio?
4. ¿Cuánto duró la guerra civil española?
5. ¿Por qué es famosa Segovia? ¿Quién construyó su maravilloso Acueducto?

Describa brevemente su ciudad o pueblo natal.

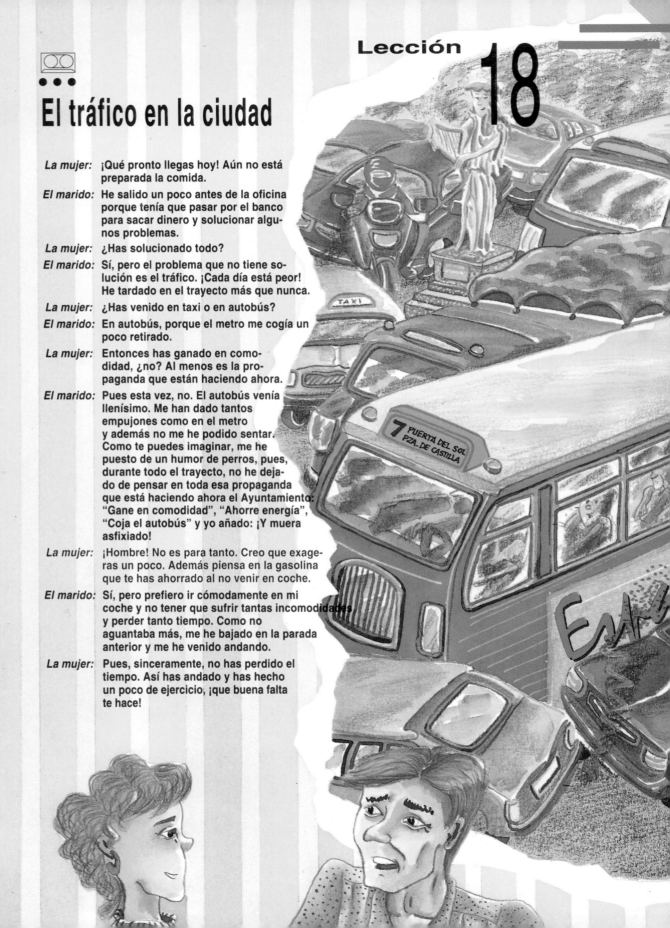

El tráfico en la ciudad

La mujer: ¡Qué pronto llegas hoy! Aún no está preparada la comida.

El marido: He salido un poco antes de la oficina porque tenía que pasar por el banco para sacar dinero y solucionar algunos problemas.

La mujer: ¿Has solucionado todo?

El marido: Sí, pero el problema que no tiene solución es el tráfico. ¡Cada día está peor! He tardado en el trayecto más que nunca.

La mujer: ¿Has venido en taxi o en autobús?

El marido: En autobús, porque el metro me cogía un poco retirado.

La mujer: Entonces has ganado en comodidad, ¿no? Al menos es la propaganda que están haciendo ahora.

El marido: Pues esta vez, no. El autobús venía llenísimo. Me han dado tantos empujones como en el metro y además no me he podido sentar. Como te puedes imaginar, me he puesto de un humor de perros, pues, durante todo el trayecto, no he dejado de pensar en toda esa propaganda que está haciendo ahora el Ayuntamiento: "Gane en comodidad", "Ahorre energía", "Coja el autobús" y yo añado: ¡Y muera asfixiado!

La mujer: ¡Hombre! No es para tanto. Creo que exageras un poco. Además piensa en la gasolina que te has ahorrado al no venir en coche.

El marido: Sí, pero prefiero ir cómodamente en mi coche y no tener que sufrir tantas incomodidades y perder tanto tiempo. Como no aguantaba más, me he bajado en la parada anterior y me he venido andando.

La mujer: Pues, sinceramente, no has perdido el tiempo. Así has andado y has hecho un poco de ejercicio, ¡que buena falta te hace!

Preguntas

1. ¿Por qué llega el marido hoy tan pronto a casa?
2. ¿A dónde ha ido después de la oficina?
3. ¿Qué ha tenido que solucionar en el banco?
4. ¿En qué ha regresado a casa, en coche, en taxi, en autobús o en el metro?
5. ¿Por qué no ha cogido el metro?
6. ¿Por qué se ha puesto el marido de mal humor?
7. ¿En qué no ha dejado el marido de pensar durante el trayecto en autobús?
8. ¿Por qué prefiere el marido ir en coche antes que coger el metro o el autobús?
9. ¿Qué medio de transporte prefiere usted y por qué?

Pretérito perfecto: presente de HABER + Participio perfecto del verbo conjugado

		-ar	-er	-ir
(yo)	he			
(tú)	has			
(él, ella, usted)	ha	*solucion*-ado	*perd*-ido	*sal*-ido
(nosotros/as)	hemos			
(vosotros/as)	habéis			
(ellos, ellas, ustedes)	han			

¿esQUEma GRAMAtical

1. Conteste a la pregunta

Pedro ha alquilado un piso. ¿Y él? — *Él también ha alquilado un piso.*

1. Nosotros hemos escuchado las noticias ¿Y tú? — ....
2. Ellos han solucionado todos los problemas. ¿Y usted? — ....
3. Yo he venido en metro. ¿Y vosotras? — ....
4. Pepe ha trabajado mucho. ¿Y María? — ....
5. Nosotros nos hemos levantado muy temprano. ¿Y usted? — ....
6. Hoy he estado en la playa. ¿Y vosotros? — ....
7. Él ha ido hoy a clase. ¿Y ella? — ....
8. Esta mañana he sido muy puntual. ¿Y vosotras? — ....
9. Esta noche he dormido mal ¿Y usted? — ....
10. Nosotros ya hemos comido. ¿Y vosotros? — ....

Yo no ... *(comprender)* nada.   – *Yo no he comprendido nada.*

1. El tren ... *(llegar)* con retraso.   – ....
2. Nosotros ... *(reservar)* una mesa.   – ....
3. Usted ... *(tener)* mucha suerte.   – ....
4. Vosotros no ... *(ser)* amables con él.   – ....
5. Ella ... *(perder)* el autobús.   – ....
6. Ustedes ... *(ser)* muy puntuales.   – ....
7. Ellos ... *(vivir)* muchos años en París.   – ....
8. Tú ... *(dormir)* hoy muy poco.   – ....
9. El autobús ... *(salir)* ya.   – ....
10. Hoy nos ... *(quedar)* en casa.   – ....

Hoy por la **mañana**, por la tarde, por la noche *Esta* **mañana**, *esta* tarde, *esta* noche. *Este* fin de **semana** *Esta* **semana** *Este* **mes**, *este* **verano**, *esta* **primavera** *Este* **año**	**+** Pretérito perfecto

Uso: Acciones incluidas en el pasado que se prolongan hasta el presente.

Aún **Todavía** **Ya**	**+** Pretérito perfecto

¿Ha salido el tren?	*No, aún no ha salido.* *No, todavía no ha salido.* *Sí, ya ha salido.*

Yo desayuno una taza de café.
Hoy por la mañana he desayunado una taza de café.

Él duerme muy poco.
Esta noche ....

Nosotros pasamos las vacaciones en Italia.
Este verano ....

Llueve mucho.
Esta primavera ....

Ellos van a bailar a una discoteca.
Esta tarde ....

Vosotros trabajáis mucho.
Este año ....

Él está de viaje por Europa.
Este mes ....

Nos quedamos en casa descansando.
Este fin de semana ....

Nieva mucho en las montañas.
Este invierno ....

Cogemos un taxi.
Esta mañana ....

3. Conteste a la pregunta

¿Has leído la novela? — *Sí, ya la he leído.* / — *No, todavía/aún no la he leído.*

1. ¿Ha comprado usted el periódico? — ....
2. ¿Te has lavado las manos? — ....
3. ¿Han encontrado ustedes piso? — ....
4. ¿Habéis vendido el coche? — ....
5. ¿Ha tomado usted la medicina? — ....
6. ¿Has arreglado la bicicleta? — ....
7. ¿Han reservado ustedes las entradas? — ....
8. ¿Habéis sacado los billetes? — ....
9. ¿Le has enseñado las fotos? — ....
10. ¿Se ha levantado Pedro de la cama? — ....

• • • *Participios perfectos irregulares*

Verbos en **-er**		Verbos en **-ir**	
hacer	hecho	abrir	abierto
poner	puesto	cubrir	cubierto
resolver	resuelto	decir	dicho
romper	roto	descubrir	descubierto
ver	visto	escribir	escrito
volver	vuelto	morir	muerto

(yo)	**he**	
(tú)	**has**	
(él, ella, usted)	**ha**	
(nosotros/as)	**hemos**	**+** *hecho, puesto, abierto, dicho, escrito*, etc.
(vosotros/as)	**habéis**	
(ellos, ellas, ustedes)	**han**	

Pretérito perfecto

¿Han hecho ustedes las maletas?
Sí, ya las hemos hecho.

¿Has visto mis gafas?
No, ...

¿Habéis roto el cristal?
Sí, ...

¿Has escrito ya las postales?
No, ...

¿Se ha puesto él nervioso?
Sí, ...

¿Habéis envuelto el paquete?
Sí, ...

¿Ha vuelto Carmen ya a la oficina?
No, ...

¿Han abierto ustedes las ventanas?
Sí, ...

¿Te ha dicho él la verdad?
No, ...

¿Han descubierto ya el tesoro?
No, ...

4. Conteste a la pregunta

¿Habéis hecho los ejercicios?   – *Sí, los hemos hecho.* / – *No, no los hemos hecho.*

1. ¿Han visto ustedes esta película?   – ....
2. ¿Has escrito la carta?   – ....
3. ¿Habéis resuelto el problema?   – ....
4. ¿Te ha devuelto el dinero?   – ....
5. ¿Has puesto la mesa?   – ....
6. ¿Has abierto el paquete?   – ....
7. ¿Os ha dicho Carmen la verdad?   – ....
8. ¿Has hecho la cama?   – ....
9. ¿Ha roto el niño el vaso?   – ....
10. ¿Ha descubierto la policía al ladrón?   – ....

• • • *Pretérito perfecto de ESTAR + Gerundio del verbo conjugado*

(yo)	**he estado**	
(tú)	**has estado**	
(él, ella, usted)	**ha estado**	
(nosotros/as)	**hemos estado**	*trabajando, oyendo, escribiendo.*
(vosotros/as)	**habéis estado**	
(ellos, ellas, ustedes)	**han estado**	

ESQUEMA GRAMATICAL 3

NOTA: *¿Te has estado lavando la cabeza?*   Sí, **me la** he estado lavando.
Sí, he estado lavándo**mela**.

5. Conteste a la pregunta

¿Qué habéis estado haciendo esta tarde?/
oír música.   – *Hemos estado oyendo música.*

1. ¿Qué han estado haciendo ustedes esta tade?/
ver la televisión.   – ....
2. ¿Qué has estado haciendo después de comer?/
leer el periódico.   – ....
3. ¿Qué han estado haciendo ellos toda la tarde?/
estudiar para el examen.   – ....
4. ¿Qué ha estado haciendo María esta mañana?/
escribir cartas.   – ....

5. Conteste a la pregunta (continuación)

5. ¿Qué han estado haciendo los niños después del colegio?/*jugar a la pelota.*

   – ....

6. ¿Qué has estado haciendo de 7 a 8?/ *hablar por teléfono.*

   – ....

7. ¿Qué habéis estado haciendo todo este tiempo?/*buscar piso.*

   – ....

8. ¿Qué han estado ustedes haciendo antes de comer?/*dar un paseo.*

   – ....

9. ¿Qué has estado haciendo toda la mañana?/ *arreglar la casa.*

   – ....

10. ¿Qué habéis estado haciendo hasta ahora mismo?/*dormir la siesta.*

   – ....

Estar Tener Seguir Quedar	+ Participio perfecto	La puerta está cerrada. La casa tiene la puerta cerrada. La puerta sigue cerrada. La puerta queda bien cerrada con llave.

NOTA: El participio perfecto concuerda en estas construcciones en género y número con el sustantivo.

El coche está aparcado.   *Los coches están aparcados.*

Ella tiene una costilla rota.   *Ella tiene dos costillas rotas.*

6. Conteste a la pregunta

¿Has preparado ya la comida?   – *Sí, la comida ya está preparada.*

1. ¿Ha escrito ella ya las cartas?

   – ....

2. ¿Habéis corregido ya estos ejercicios?

   – ....

3. ¿Ha resuelto usted ya el problema?

   – ....

4. ¿Me has planchado ya la camisa?

   – ....

5. ¿Han cerrado ya la taquilla?

   – ....

6. ¿Habéis hecho ya el equipaje?

   – ....

7. ¿Han facturado ellos ya las maletas?

   – ....

8. ¿Has arreglado ya la habitación?

   – ....

9. ¿Habéis metido ya las cervezas en la nevera?

   – ....

10. ¿Has encargado ya las entradas?

   – ....

Participipio perfecto

El niño no se ha dormido aún.
El niño sigue despierto.

El ministro ha inaugurado la exposición.
La exposición ha quedado ....

Ella no se ha despertado todavía.
Ella sigue ....

Él ha publicado una novela.
La novela está ....

Han vendido todas las localidades.
Todas las localidades están ....

Ella se ha roto la pierna.
Ella tiene ....

El camarero ya ha puesto la mesa.
La mesa está ....

La ropa no se ha secado aún.
La ropa está ....

El alcalde ha suspendido la corrida.
La corrida queda ....

No han cerrado aún las tiendas.
Las tiendas siguen ....

7. Conteste a la pregunta

¿Por qué no haces el ejercicio? — *Si ya lo he hecho.* / – *Si ya está hecho.*

1. ¿Por qué no pones la televisión?   – ....
2. ¿Por qué no abres la puerta?   – ....
3. ¿Por qué no resolvéis el asunto?   – ....
4. ¿Por qué no enciendes la calefacción? – ....
5. ¿Por qué no rellenan ustedes el impreso? – ....
6. ¿Por qué no reservamos una mesa?   – ....
7. ¿Por qué no arreglas el coche?   – ....
8. ¿Por qué no fregáis los platos?   – ....
9. ¿Por qué no quitas la mesa?   – ....
10. ¿Por qué no haces este ejercicio?   – ....

8. Siga el modelo

La familia se ha reunido en el cuarto de estar. – *La familia está reunida.*
– *La familia sigue reunida.*

1. Hemos encendido la chimenea.   – ....
2. Ellos se han decidido a hacer un viaje a los mares del sur. – ....
3. María se ha enamorado de Antonio.   – ....
4. Las calles se han cubierto de nieve.   – ....
5. Ellos se han enfadado conmigo.   – ....
6. Ellas se han sentado en la terraza.   – ....
7. Ella se ha acostado en el sofá.   – ....
8. El bebé se ha dormido.   – ....
9. Los niños se han perdido en el monte.   – ....
10. Han abierto los bancos.   – ....

Adverbios negativos: *NUNCA / JAMÁS*

Él **no** miente **nunca**.   Él **nunca** miente.
Él **no** miente **jamás**.   Él **jamás** miente.

Si ponemos **nunca**, **jamás** delante del verbo, este no necesita negación. La frase ya tiene valor negativo.

9. Conteste negativamente

¿Has estado en Japón?/*nunca.*

– *No, nunca he estado en Japón.*
– *No, no he estado nunca en Japón.*

1. ¿Ha montado usted alguna vez en avión?/*jamás.* – ....
2. ¿Ha hablado él sobre este asunto?/*nunca.* – ....
3. ¿Han trabajado ustedes en el campo?/*jamás.* – ....
4. ¿Os ha ayudado él siempre?/*jamás.* – ....
5. ¿Has estado alguna vez enfermo?/*nunca.* – ....
6. ¿Ha perdido usted alguna vez el tren?/*jamás.* – ....
7. ¿Ha hecho él un viaje por la India?/*nunca.* – ....
8. ¿Ha ganado usted algún premio?/*jamás.* – ....
9. ¿Has mentido a tu padre?/*nunca.* – ....
10. ¿Os habéis interesado por la política?/*jamás.* – ....

10. Describa el dibujo utilizando el pretérito perfecto

¿Qué ha hecho usted hoy?

....
....
....
....
....
....
....
....
....
....
....
....
....
....
....
....
....
....
....

Una colisión múltiple provoca un atasco de más de 15 kilómetros

EL PAÍS, Madrid

Una colisión de tres vehículos ocurrida a las 6.50 de ayer en el kilómetro 10 de la carretera de Barcelona provocó retenciones que alcanzaron hasta la altura del Vicente Calderón, a pesar de que el accidente no tuvo graves consecuencias para sus ocupantes, ya que sólo resultó herido leve uno de los conductores, el atasco que se formó fue monumental, puesto que sólo quedaron libres dos de los tres carriles de dicha vía.

El caos afectó a las rondas, desde María de Molina y Francisco Silvela hasta Conde de Casal, y provocó que las calles transversales a María de Molina y las aledaños de Arturo Soria, avenida de Aragón y Josefa Valcárcel quedaran retirados a las 8.30, pero la ciudad no se normalizó hasta dos horas después.

Según la Dirección General de Tráfico, al problema de la hora punta en que se produjo el choque hay que añadir que cuando quedaron libres los carriles, la gente siguió frenando para mirar, lo que complicó la si-

En la comisaría

El comisario: ¿En qué puedo servirles?

Fernando: Venimos a denunciar un robo. Ayer, cuando regresamos a casa, nos encontramos con la puerta abierta y enseguida pensamos que nos habían robado.

El comisario: ¿Habían cerrado ustedes bien la puerta cuando se marcharon de casa?

Fernando: Sí, por supuesto; pero los ladrones la habían abierto con una llave falsa.

El comisario: ¿Cómo encontraron la casa?

Luisa: ¡Uf! Los ladrones habían revuelto todo. Habían abierto todos los cajones de los armarios y habían tirado muchas cosas al suelo. Todo estaba desordenado.

El comisario: ¿Consiguieron llevarse muchas cosas de valor?

Luisa: Sí, un collar de perlas que me había regalado mi marido el año pasado, por nuestro aniversario de bodas, varias joyas antiguas que yo había heredado de mi abuela, un jarrón de porcelana china que estaba valorado en unas ochenta mil pesetas, y el televisor en color que nos habíamos comprado en Navidades.

El comisario: ¿Saben ustedes si alguien pudo ver a los ladrones?

Fernando: No, en nuestra casa sólo hay tres viviendas. Nosotros vivimos en la planta baja. Los vecinos del primer piso se habían ido de vacaciones el día anterior al robo y los del segundo no habían regresado todavía a casa cuando sucedió el robo.

El comisario: ¿A qué hora se habían marchado ustedes al cine y cuándo regresaron a casa?

Fernando: Nos fuimos de casa aproximadamente a las nueve y media y hasta las doce no regresamos; pero yo creo que los ladrones lo tenían todo muy bien calculado y que nos habían estado vigilando durante cierto tiempo, hasta que pudieron comprobar que nosotros salíamos todos los sábados por la noche, al cine o al teatro.

El comisario: ¿Tienen algún seguro contra robos?

Luisa: El año pasado habíamos asegurado algunos objetos de valor en una compañía de seguros, pero este año no hemos renovado la póliza.

El comisario: Lo malo es que no tenemos ninguna pista. De todas formas, a ver si tenemos suerte y logramos atrapar a los ladrones. Muchas gracias por su declaración. Ya les informaremos de nuestras investigaciones.

Fernando: De acuerdo. Muchas gracias. Adiós.

Preguntas

1. ¿Qué les pasó ayer a Fernando y a Luisa?
2. ¿Habían cerrado bien la puerta cuando se marcharon de casa?
3. ¿Con qué habían abierto la puerta de casa los ladrones?
4. ¿Cómo se encontraron Luisa y Fernando la casa?
5. ¿Qué se llevaron los ladrones?
6. ¿Vio alguien a los ladrones?
7. ¿A qué hora se habían marchado Luisa y Fernando?
8. ¿Por qué sabían los ladrones que Luisa y Fernando salían todos los sábados por la noche?
9. ¿Habían asegurado las joyas en alguna compañía de seguros?
10. ¿Habían renovado este año la póliza del seguro?

Pluscuamperfecto:
Imperfecto de HABER + Participio perfecto del verbo conjugado

		-ar	-er	-ir
(yo)	**había**			
(tú)	**habías**			
(él, ella, usted)	**había**	*solucion-ado*	*perd-ido*	*sal-ido*
(nosotros/as)	**habíamos**			
(vosotros/as)	**habíais**			
(ellos, ellas, ustedes)	**habían**			

¡esQUEma GRAMAtica 1!

Uso: Expresa anterioridad con relación a otra acción pasada.

1. Conteste a la pregunta

¿Quiénes habían abierto la puerta?/los ladrones. — *Los ladrones la habían abierto.*

1. ¿A quién le habías pedido ayuda?/*a Paco.*
   — ....
2. ¿Qué os había prometido Pedro?/*su ayuda.*
   — ....
3. ¿A qué hora había salido usted de casa?/*a las 8.*
   — ....
4. ¿Dónde habías aparcado el coche?/*en una calle oscura.*
   — ....
5. ¿En qué hotel habían reservado ustedes una habitación?/*en el hotel "Mundo Feliz".*
   — ....
6. ¿Qué habíais planeado para hoy?/*una excursión a la sierra.*
   — ....
7. ¿Habían asegurado ellos sus joyas?/*no.*
   — ....
8. ¿Qué le había regalado Paco a su novia por su cumpleaños?/*un anillo de oro.*
   — ....
9. ¿Dónde se habían conocido Pilar y Paco?/*en una fiesta.*

La conjunción CUANDO + Indefinido + Pluscuamperfecto

| **Cuando** | llegó | la policía, los ladrones ya **habían huido.** |
| **Cuando** | salimos | de casa, **había dejado** de llover. |

2. Utilice *cuando*

Él llegó a la estación.
El tren ya había salido.

– *Cuando llegó a la estación, el tren ya había salido.*

1. Nos levantamos. Aún no había amanecido.

2. Llegamos a París. Ya había anochecido.

3. Conocí a Paco. Ya había terminado la carrera.

4. Llegaron al cine. Las entradas se habían agotado.

5. Llamé por teléfono a Carmen. Ella ya se había acostado.

6. Entramos en el cine. La película no había comenzado.

7. Puse la radio. Ya habían dado las noticias.

8. María tuvo su primer hijo. Aún no había cumplido 20 años.

9. Nos decidimos a comprar la casa. Ya la habían vendido.

10. Regresé a casa. Mis padres ya habían cenado.

CUANDO+Indefinido+Pluscuamperfecto

Llegamos a la iglesia. Ellos se habían casado.
Cuando llegamos a la iglesia, ellos ya se habían casado.

Llegó a la cita. Ella se había marchado.
....

Llegó la ambulancia. El herido se había muerto.
....

Fuimos por el coche. La grúa se lo había llevado.
....

Fueron a alquilar el piso. Ya lo habían alquilado.
....

Regresamos a casa. Nos habían robado.
....

Fuimos a visitarle. Él aún no se había levantado.
....

Puse la televisión. El programa ya había acabado.
....

Mi abuelo murió. Aún no había cumplido 80 años.
....

Salimos de viaje. Ya había empezado a nevar.
....

• Pluscuamperfecto de ESTAR+ Gerundio del verbo conjugado

(yo)	**había**		
(tú)	**habías**		
(él, ella, usted)	**había**		
(nosotros/as)	**habíamos**	**estado**	*trabajando, comiendo, viviendo.*
(vosotros/as)	**habíais**		
(ellos, ellas, ustedes)	**habían**		

• 3. Conteste a la pregunta

¿Qué habíais estado haciendo antes de ir a dormir?/*ver la televisión*.

— *Habíamos estado viendo la televisión.*

1. ¿Qué había estado haciendo Carmen cuando la fuiste a ver?/*preparar la comida*.

    — ....

2. ¿Qué habían estado haciendo ellos toda la noche?/*jugar a las cartas*.

    — ....

3. ¿Qué había estado haciendo usted aquella mañana?/*pintar la puerta del garaje*.

    — ....

4. ¿Qué habíais estado haciendo aquel año en Inglaterra?/*aprender inglés*.

    — ....

5. ¿Qué había estado haciendo el señor Gómez en el banco? /*solucionar unos problemas y sacar dinero*.

    — ....

6. ¿Qué habías estado haciendo aquel día?/*arreglar el coche*.

    — ....

7. ¿Qué habían estado haciendo ustedes antes del crimen?/*hacer unas compras en la ciudad*.

    — ....

8. ¿Qué habían estado haciendo los mecánicos antes de la explosión?/*revisar el motor*.

    — ....

• Colocación de algunos adjetivos

*Ella tiene una casa **grande**.*	*Ella tiene una **gran** casa.*
*Él es un hombre **bueno**.*	*Él es un **buen** hombre.*
*Él es un hombre **malo**.*	*Él es un **mal** hombre.*
*Vivimos en el piso **primero**.*	*Vivimos en el **primer** piso.*
*Mi clase está en el piso **tercero**.*	*Mi clase está en el **tercer** piso.*

NOTA: Los adjetivos **bueno**, **malo**, **primero** y **tercero** pierden la última vocal cuando van delante de un sustantivo masculino en singular; **grande** se apocopa tanto delante de un sustantivo masculino como femenino en singular.

4. Ponga el adjetivo más conveniente

1. Hemos visto una .... película, nos ha gustado muchísimo.

2. Él es un .... músico. Toca estupendamente el piano.

3. Ayer hizo .... tiempo. Estuvo lloviendo todo el día.

4. Ella tiene muy .... humor. Siempre está riendo.

5. Mi hijo ha sacado muy .... notas: Dos sobresalientes y tres notables.

6. Hoy vamos a la playa porque hace muy .... tiempo.

7. Ella espera un hijo. Ya está en el .... *(3 er)* mes.

8. Me gusta el .... vino.

9. Este sí que es un .... coche. Gasta poca gasolina y apenas tiene averías.

10. El *(1 er)* .... día después de las vacaciones todo el mundo está de .... humor.

• • • *Preposiciones A, EN, DE*

a

1. **Dirección hacia un lugar.**
   Él va a la universidad.

2. **Tiempo**
   A las dos, al mediodía.

3. **Manera**
   Él escribe a máquina, a mano.
   Él va a pie, a caballo.

4. **Complemento directo de persona y complemento indirecto**
   Yo pregunto a la profesora.
   Dale el dinero a Pedro.

en

1. **Lugar donde se está.**
   Él está en la universidad.

2. **Tiempo**
   En invierno, en junio.

3. **Medio de locomoción**
   Él viaja en tren.
   En bicicleta.

4. **Modo**
   Te lo digo en serio.

de

1. **Lugar de donde se viene.**
   Él viene de la universidad.

2. **Tiempo**
   Las 2 de la tarde.

3. **Materia**
   Un collar de perlas.

4. **Modo**
   Él desayuna de pie.

5. **Propiedad**
   El libro es de mi hermano.

6. **Partitivo**
   Dame un poco de pan.

5. Coloque la preposición más adecuada: *a, en, de*

1. ¿Cómo habéis ido a Canarias? ¿ .... barco o .... avión?

2. ¿Viven ustedes .... la ciudad o .... el campo?

3. Yo no sé escribir .... máquina, por eso escribo .... mano.

4. .... verano siempre vamos .... mar.

5. Tuve que ir .... pie .... el autobús.

6. Los alumnos .... esta clase saben mucho español.

7. ...primavera hace buen tiempo .... esta región.

8. Hoy estamos .... martes, 12 .... octubre .... 199...

9. La máquina .... escribir está estropeada.

10. .... 9 .... 12 tenemos clase .... español .... la universidad.

Valores de la forma LO

a. Pronombre personal/complemento directo.	*¿Tienes el dinero?* *¿Conoce usted al señor López?* *Sí, **lo** tengo.* *No, no **lo** conozco.*
b. Artículo neutro con un adjetivo o relativo.	*Me gusta **lo** dulce, pero más **lo** salado.* *Esto es **lo** mejor que puedes hacer.*
c. Para contestar abreviadamente o sustituir una oración.	*¿Es usted estudiante de español?* *Sí, **lo** soy.* *¿Sabes que mañana no tenemos clase?* *Sí, **lo** sé.*

6. Complete estas frases

1. Fue .... Madrid .... Barcelona .... seis horas.

2. Prefiero los libros .... aventuras .... los .... filosofía.

3. Acabo .... llegar .... Sevilla. He venido .... el tren.

4. Te espero .... las siete, ... la puerta .... mi casa.

5. .... la secretaria le han pedido la dirección .... su jefe tres personas.

6. .... mi pueblo, las fiestas duran .... cuatro .... cinco días.

7. Luis ha dejado la maleta .... su hermano .... mi casa, ... la entrada.

8. Tengo un poco .... prisa. Llegaré .... unos minutos.

9. .... mi no me dés más .... esa comida.

10. Viajando .... barco, puedes llegar .... marearte.

Preposiciones A, EN, DE ● ● ●

Él va .... pie .... la playa.

Él siempre viaja .... avión.

No hay nada ...... vino ...... la botella.

El peluquero está mucho tiempo .... pie.

Ella sabe escribir muy bien máquina.

.... verano, ... las cinco .... la mañana ya es ...... día.

Él le ha regalado .... María un reloj .... oro.

¿ .... qué hora regresa Pepe .... la oficina?

¿Has venido .... pie o .... coche?

Él siempre habla .... broma.

210

7. Ponga el artículo determinado: *el, la, lo*

1. Este es .... mejor libro que he leído.

2. Esto es .... mejor que has podido hacer.

3. María es .... mejor alumna de la clase.

4. ¿Has oído que mañana es fiesta? Sí, ... he oído.

5. No me gusta .... que estás haciendo.

6. Este jersey es .... que más me gusta.

7. ¿Estáis cansados? Sí, ... estamos.

8. Esto me parece .... más lógico.

9. .... última parte de la película es .... peor.

10. .... peor es que no sabemos nada.

8. Describa la escena e imagine lo que dice cada persona

Utilice las siguientes palabras:

seguramente, a lo mejor, quizá, creer, suponer, imaginarse, al parecer, sin duda.

SEGURIDAD CIUDADANA

Ministerio del Interior
Dirección General de la Policía

Registro de Salida número: 60298

Madrid, a 17-09-1990
ASUNTO: Pérdida o sustracción de efectos
N/Ref.: Comisaría de Distrito Tetuán

ILTMO. SR.:
Tengo el honor de participar a V. I. que a las 15:37 horas del día de hoy, ha comparecido en esta Dependencia quien dijo ser:--------------------------------
MARIA NIEVES PEREZ BERNAL, con d.n.i. número 360434, domiciliado en la calle SAN GERARDO NUMERO OCHO, QUINTO, LETRA "C", MADRID, teléfono 816-97-82, nacido el día 26 de julio de 1955 en PIZARRA /MALAGA/, hijo de FRANCISCO y de MARIA.
Al que le han resultado sustraído/s o perdido/s: objetos, BOLSO COLOR MARRÓN, EL CUAL CONTENÍA: DOCUMENTO NACIONAL DE IDENTIDAD, PERMISO DE CONDUCIR, LIBRO DE FAMILIA, 4.000 PESETAS, LLAVES DEL DOMICILIO Y EFECTOS PERSONALES DIVERSOS.
Y MANIFIESTA:--------------------------------
Que, cuando en la tarde del día de la fecha y sobre las catorce horas, se hallaba en las inmediaciones de la Plaza de Castilla, de forma que ignora, persona/s desconocidas y al descuido, le sustrajeron los efectos y documentos antes señalados.
Caso de ser hallados dichos efectos, se comunicaría a ese Juzgado.

El Funcionario de Guardia

ILTMO.SR.MAGISTRADO JUEZ DE INSTRUCCION DE GUARDIA

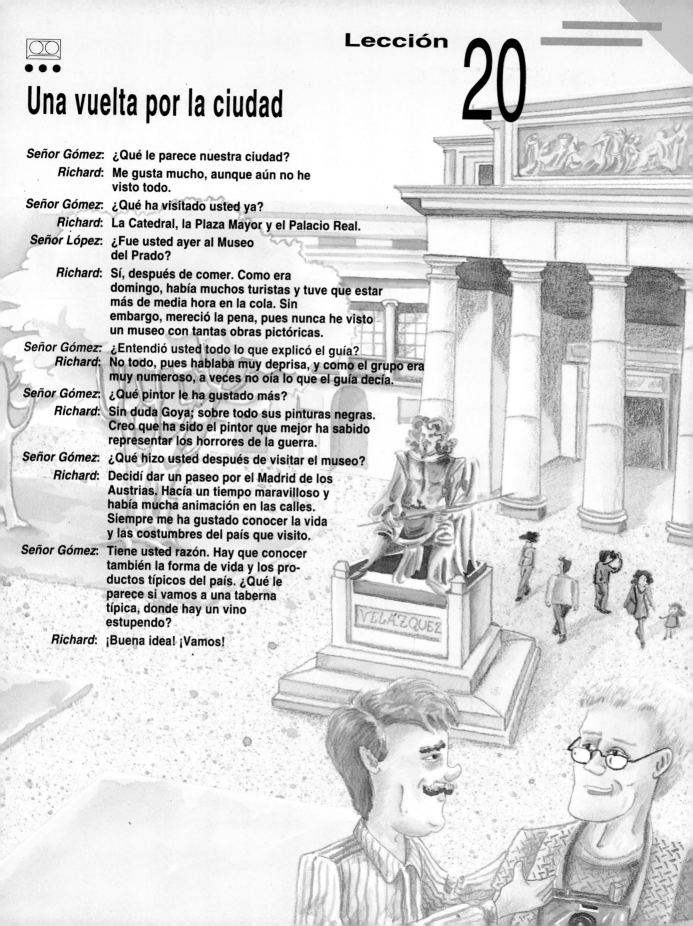

Una vuelta por la ciudad

Señor Gómez: ¿Qué le parece nuestra ciudad?

Richard: Me gusta mucho, aunque aún no he visto todo.

Señor Gómez: ¿Qué ha visitado usted ya?

Richard: La Catedral, la Plaza Mayor y el Palacio Real.

Señor López: ¿Fue usted ayer al Museo del Prado?

Richard: Sí, después de comer. Como era domingo, había muchos turistas y tuve que estar más de media hora en la cola. Sin embargo, mereció la pena, pues nunca he visto un museo con tantas obras pictóricas.

Señor Gómez: ¿Entendió usted todo lo que explicó el guía?

Richard: No todo, pues hablaba muy deprisa, y como el grupo era muy numeroso, a veces no oía lo que el guía decía.

Señor Gómez: ¿Qué pintor le ha gustado más?

Richard: Sin duda Goya; sobre todo sus pinturas negras. Creo que ha sido el pintor que mejor ha sabido representar los horrores de la guerra.

Señor Gómez: ¿Qué hizo usted después de visitar el museo?

Richard: Decidí dar un paseo por el Madrid de los Austrias. Hacía un tiempo maravilloso y había mucha animación en las calles. Siempre me ha gustado conocer la vida y las costumbres del país que visito.

Señor Gómez: Tiene usted razón. Hay que conocer también la forma de vida y los productos típicos del país. ¿Qué le parece si vamos a una taberna típica, donde hay un vino estupendo?

Richard: ¡Buena idea! ¡Vamos!

VELÁZQUEZ

Preguntas

1. ¿Le gusta a Richard la ciudad?
2. ¿Qué monumentos ha visitado ya?
3. ¿A dónde fue ayer después de comer?
4. ¿Por qué tuvo que estar media hora en la cola?
5. ¿Entendió todo lo que explicó el guía?
6. ¿Qué pintor le ha gustado más y por qué?

7. ¿Qué hizo Richard después de visitar el Museo del Prado?
8. ¿Qué tiempo hacía? ¿Había mucha animación en las calles?
9. ¿Qué le gusta conocer a Richard?
10. ¿Qué países ha visitado usted y cuál le ha gustado más?

Usos del pretérito imperfecto e indefinido

Imperfecto	Indefinido
1. Acción durativa (contemplada como durativa) *Cuando era niño, sólo pensaba en jugar.*	**1. Acción cerrada(contemplada como concluida en el pasado)** *Cuando terminó la clase, me fui a casa.*
2. Acciones repetitivas en el pasado Él se levantaba todos los días a las 8, desayunaba y se iba a trabajar.	**2. Acción única en el pasado** *Mi abuelo murió en 1952.*
3. Descripciones en el pasado *Carmen llevaba un sombrero que le cubría toda la cara y no le permitía ver nada.*	

1. Ponga los verbos que están entre paréntesis, en la forma adecuada

1. Ayer .... *(hacer)* muy mal tiempo.
2. Ella. .... *(ir)* todos los domingos a misa.
3. El lunes pasado .... *(yo levantarme)* muy temprano.
4. Mi primer hijo .... *(nacer)* en 1975.
5. Él .... *(coger)* todos los días el metro para ir a la oficina.
6. Mi abuelo .... *(ser)* un hombre muy cariñoso y siempre .... *(estar)* de buen humor.
7. Yo .... *(conocer)* a mi mujer en una fiesta.
8. La guerra civil española............... *(empezar)* en 1936.
9. Después de comer, él siempre............... *(tomar)* una taza de café.
10. De repente, ... *(nublarse)* el cielo y .... *(comenzar)* a llover.

2. Ponga los verbos que están entre paréntesis, en la forma adecuada

1. No .... *(poder)* llamarte por teléfono porque no .... *(tener)* tu número.

2. Como ayer .... *(hacer)* muy mal tiempo, ... *(decidir)* quedarnos en casa.

3. Siempre que le .... *(llamar)* por teléfono, él nunca .... *(estar)* en casa.

4. El lunes pasado, mi hijo no .... *(ir)* a clase porque .... *(tener)* que solucionar varios asuntos.

5. Mientras los demás .... *(charlar)*, él .... *(permanecer)* en silencio.

6. Cada vez que nos .... *(visitar)* Luis, nos .... *(traer)* flores.

7. Él no .... *(comprender)* todo lo que .... *(decir)* el guía.

8. ¿Quién .... *(ser)* la señorita que .... *(venir)* ayer por la tarde?

9. Mi padre .... *(saber)* hablar muy bien alemán porque .... *(estar)* viviendo muchos años en Alemania.

10. ¿Con quién .... *(vivir)* él cuando .... *(estudiar)* medicina en Granada?

CUANDO + |*Imperfecto* |*Indefinido*

Imperfecto

Acción pasada, contemplada como durativa, sin especificar el comienzo o el final de la acción.

indefinido

Acción pasada, contemplada como realizada en un punto determinado del pasado.

> *Cuando era **joven**, **sólo** pensaba **en divertirme**.*
> *Cuando terminé **el trabajo**, me fui **a casa**.*
> *Cuando me **estaba duchando**, sonó **el teléfono**.*

Cuando empezó la película, se *durmió*.

Cuando ellos .... *(llegar)* a casa,
la comida ya .... *(estar)* en la mesa.

Cuando .... *(morir)* mi abuelo, yo
.... *(ser)* aún un niño.

El niño .... *(estar)* jugando cuando le
.... *(atropellar)* el coche.

Cuando ella .... *(bajar)* por la escalera,
.... *(romperse)* una pierna.

Cuando Juan .... *(ir)* a la oficina,
.... *(tener)* un accidente.

Cuando .... *(terminar)* la televisión, nos
.... *(ir)* a la cama.

Cuando nosotros .... *(salir)* de casa,
.... *(sonar)* el teléfono.

Nosotros .... *(estar)* aún comiendo cuando
Carlos .... *(venir)* a visitarnos.

Cuando ellos .... *(estar)* en Italia,
les .... *(hacer)* muy buen tiempo.

Estábamos comiendo. Oímos la noticia. — *Cuando estábamos comiendo, oímos la noticia.*

1. Me desperté. Ya era de día. — ....

2. Vivíamos en el pueblo.
   Íbamos mucho a nadar. — ....

3. Llegamos al cine.
   No había ya entradas. — ....

4. Sonó el despertador.
   Ella se levantó de la cama. — ....

5. Salimos de casa. Estaba lloviendo. — ....

6. Ayer iba al mercado.
   Me encontré a tu hermana. — ....

7. Me casé en 1984. Tenía 25 años. — ....

8. Éramos jóvenes.
   Jugábamos mucho al ténis. — ....

9. Estudiaba medicina en Berlín.
   Vivía en una pensión. — ....

10. Nos enteramos de la noticia.
    Le llamamos enseguida por teléfono. — ....

● *Uso del Indefinido y del Perfecto de Indicativo*

Indefinido	Perfecto
Expresa acciones concluidas en el pasado que están separadas del presente.	Expresa acciones concluidas en el pasado que se prolongan hasta el presente.
Ayer estuve en el teatro.	*Hoy* he estado en el teatro.
La semana pasada tuve mucho trabajo.	*Esta semana* he tenido mucho trabajo.
Anoche llovió mucho.	*Esta noche* ha llovido mucho.
	Hasta el momento no hemos recibido ninguna contestación.
	La conferencia ha terminado *ahora mismo*.

Ellos van a pasear/*Ayer/Esta tarde.*

– *Ayer (ellos) fueron a pasear.*
– *Esta tarde (ellos) han ido a pasear.*

1. Nos quedamos en casa/
   Anteayer/este fin de semana.

   – ....

2. Ella está enferma/
   La semana pasada/esta semana.

   – ....

3. Me levanto muy tarde/
   El domingo/hoy.

   – ....

4. Hace mucho frío/
   El invierno pasado/este invierno.

   – ....

5. Él no nos dice nada/
   Anoche/hasta el momento.

   – ....

6. Ellos no pueden ir de vacaciones al mar/
   El año pasado/este año.

   – ....

7. Ellas tienen que trabajar mucho/
   El mes pasado/este mes.

   – ....

8. Él viene en avión/
   El lunes pasado/esta mañana.

   – ....

9. La película es muy interesante/
   La película de ayer/la película de hoy.

   – ....

10. ¿A qué hora llega el tren?/
    Ayer/hoy.

    – ....

    – ....

5. Ponga los verbos que están entre paréntesis, en el tiempo más apropiado: *Imperfecto, indefinido, perfecto o pluscuamperfecto*

1. Cervantes .... *(nacer)* en 1547 y .... *(morir)* en 1616.

2. Ayer yo .... *(estar)* en el teatro y .... *(ver)* una obra de Antonio Gala.

3. Dos veces por semana .... *(ir)* a bañarse al río.

4. Este año la cosecha .... *(ser)* buena porque .... *(llover)* mucho.

5. Esta mañana yo me .... *(levantarse)* muy temprano porque no .... *(tener)* sueño.

6. Él .... *(tener)* 4 años, cuando .... *(perder)* a su madre.

7. ¿ .... *(estar)* usted ya en España? Sí, el año pasado .... *(estar)* dos meses en Madrid.

8. Ayer, cuando nosotros .... *(salir)* del colegio, ... *(ver)* un accidente horrible.

9. Cuando .... *(llegar)* la policía, los ladrones ya se .... *(ir)*.

10. Cuando él .... *(saber)* la noticia, ... *(llamar)* enseguida a su padre.

Usos de los tiempos del pasado

Como ayer *llovía* mucho, nos *quedamos* en casa.

Ayer, cuando me *levantaba*, *llamaron* a la puerta.

Cuando *llegaron* a la estación, ya se *había marchado* el tren.

Mientras él *leía* el periódico, ella *veía* la televisión.

Cuando *sonó* el despertador, ella ya se *había levantado*.

El domingo pasado, nos *invitó* a cenar porque le *había tocado* la lotería.

Él no *ha ido* hoy a trabajar porque le *dolía* mucho la cabeza.

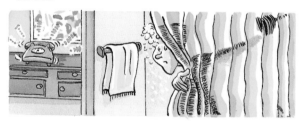

No *pude* coger el teléfono porque *estaba* en la ducha.

Esta mañana *nos hemos bañado* muchas veces porque *hacía* mucho

Había poca gente en el recital y *decidieron* suspenderlo.

6. Ponga los verbos que están entre paréntesis, en el tiempo más apropiado: *Imperfecto, indefinido, perfecto o pluscuamperfecto*

1. Nosotros no .... *(ir)* ayer al cine porque ellos ya .... *(ver)* la película.

2. .... *(perder)* la pulsera que él me .... *(regalar)* el año pasado.

3. Como ayer .... *(llover)* mucho, se .... *(suspender)* la excursión.

4. Cuando Maite .... *(volver)* a casa, se .... *(encontrar)* la puerta abierta.

5. Los turistas no .... *(poder)* ver ayer la exposición de Picasso porque............ *(haber)* mucha gente en la cola.

6. Esta mañana nos .... *(levantar)* tarde porque no .... *(oír)* el despertador.

7. Paco .... *(estar)* ayer tan nervioso que no .... *(saber)* lo que .... *(hacer)*.

8. Cuando los bomberos .... *(llegar)*, el edificio ya se .... *(quemar)*.

9. Aunque esta tarde .... *(hacer)* muy mal tiempo, ellos .... *(dar)* un paseo por el parque.

10. Mientras usted .... *(hablar)* ayer sobre la situación económica, yo .... *(pensar)* en posibles soluciones.

• • • *Valores del Infinitivo: Temporal, final y causal*

a. **Temporal**	***Antes de acostarme**, me lavo los dientes.* ***Después de levantarme**, me lavo la cara.* ***Al pasar por Barcelona**, fui a ver a Carmen.*
b. **Final**	*Hago deporte **para estar en forma**.*
c. **Causal**	*Se suspendió el concierto **por estar enfermo el solista**.*

• • • **7. Siga el modelo**

Veo la televisión, pero antes selecciono el programa.

— *Antes de ver la televisión, selecciono el programa.*

1. Cuando salió el actor, aplaudieron todos los espectadores.

   — ....

2. Vamos al cine, pero antes leemos las críticas.

   — ....

3. Me bañé; después me tumbé al sol.

   — ....

4. Ella come poco porque no quiere engordar.

   — ....

5. Le han condenado porque ha robado un coche.

   — ....

6. Cuando llegué a casa, no estaban mis padres.   – ....

7. Almorzó; después se echó la siesta.   – ....

8. No pude ir con ellos de excursión porque mi padre estaba enfermo.   – ....

9. Salgo de viaje, pero antes reservo hotel.   – ....

10. Todos los días leo el periódico porque quiero estar bien informado.   – ....

• Verbo + preposición

APRENDA

Exportar		Importar		Trabajar	
Ir (se)		Ir (se)		Ir (se)	
Llegar		Salir		Estar	
Salir		Bajar			
Subir	+ a	Venir	+ de		+ en
Volver		Volver		Volver	
Venir		Dejar			
Empezar		Levantarse		Sentarse	

8. Complete con la preposición más apropiada

1. Mi marido sale a las 2 .... la oficina y llega .... casa a las 2.30.

2. Ella trabaja .... una empresa que exporta muchos productos .... Marruecos.

3. Él se levantó .... la silla y se sentó .... el sillón.

4. Nosotros siempre viajamos .... tren, pero a él le gusta ir .... avión.

5. El niño empezó .... llorar.

6. Ayer estuvimos .... una fiesta y volvimos muy tarde .... casa.

7. No ha dejado .... llover en todo el día.

8. España importa acero .... Alemania.

9. El ministro se bajó .... coche y entró rápidamente .... el hotel.

10. Nosotros nos fuimos .... París .... avión y volvimos .... Madrid .... tren.

Usos de los tiempos del pasado ● ● ●

Ayer .... *(ir)* a una fiesta que
.... *(resultar)* muy divertida.

.... *(haber)* sangría, concursos y premios y la
gente se lo .... *(estar)* pasando muy bien.

Allí .... *(conocer)* a una chica que .... *(ser)*
danesa y que .... *(venir)* a España a estudiar
español.

Durante la fiesta .... *(empezar)* a llover. Como no
.... *(dejar)* de llover, ... *(tener)* que
suspenderla.

Cuando .... *(regresar)* a casa, nos ....
(encontrar) a Pedro que .... *(venir)* de una
discoteca.

Como no .... *(ser)* muy tarde, nos .... *(ir)*
juntos a tomar una copa y .... *(estar)* charlando
hasta las 3 de la madrugada.

A las 3.30 .... *(llegar)* cansado, pero muy alegre
a casa, me .... *(quitar)* los zapatos y me
.... *(ir)* de cabeza a la cama.

Esta mañana me .... *(levantarse)* muy tarde
porque me .... *(doler)* mucho la cabeza. Esta
tarde .... *(quedar)* con mi amiga danesa para ir
juntos al cine.

9. Diga lo contrario

Él *se sube* al coche.　　　　　　　　　　　– *Él se baja del coche.*

1. Él *bajó* de la montaña.　　　　　　　　　– ....
2. *Empezó* a llover.　　　　　　　　　　　　– ....
3. Ella *se levantó* de la silla.　　　　　　　– ....
4. Esta empresa *importa* cigarrillos *del* extranjero.　– ....
5. Él *se ha ido* a las 7 *al* cine.　　　　　　– ....
6. El tren *salió* puntualmente *de* la estación.　– ....
7. Ellos *volvieron* a casa.　　　　　　　　　– ....
8. Mi jefe *se fue* ayer de viaje.　　　　　　　– ....
9. Nosotros *entramos* en la habitación sin hacer ruido.　– ....
10. ¿*A* dónde *vais* ahora?　　　　　　　　　– ....

10. Complete con *ser* o *estar*

1. Madrid .... en el centro de España y .... la capital del estado español.
2. La boda .... el próximo domingo.
3. La comida .... en un restaurante que .... en el centro de la ciudad.
4. Mi coche .... en el taller porque .... estropeado.
5. Para mí .... muy difícil comprender lo que .... diciendo el conferenciante.
6. Los cubiertos que .... en la mesa .... de plata.
7. El examen .... muy difícil y creo que yo aún no .... bien preparado para hacerlo.
8. No me tomo el café porque .... muy fuerte y además ya .... frío.
9. Irlanda .... un país católico.
10. .... prohibido aparcar aquí.

11. Complete el diálogo

Pedro:　¿Qué .... ayer domingo?

Juan:　Ayer .... un día muy ajetreado. Mi amigo alemán, Klaus, me vino a .... y tuve que .... la ciudad. A las once .... al *Rastro*. Como .... tan buen tiempo, había mucha .... en las calles.

Pedro:　¿ .... muchas cosas?

Juan:　No, Klaus compró .... regalos para su familia y yo le regalé un .... de flamenco.

Pedro:　¿Le .... a tu amigo *el Rastro*?

Juan:　Sí, despúes tomamos .... en una taberna .... de la Plaza Mayor y a las dos nos .... a comer.

Pedro: ¿Qué hicisteis .... comer?

Juan: Primero .... un poco la siesta y a las cuatro y media nos fuimos .... los toros.

Pedro: ¿Tuvisteis que hacer .... ?

Juan: No, porque yo ya había sacado .... el día anterior.

Pedro: ¿Le .... a Klaus la corrida?

Juan: No le gustó .... Después nos fuimos al parque de atracciones. Allí .... a dos chicas muy simpáticas .... juntos unos bocadillos y luego nos fuimos .... un tablado flamenco. Nos lo pasamos ....

Pedro: ¡Qué suerte! ¡Me alegro!

TEST DE EVALUACIÓN IV (Lecciones 16 a 20)

I. Utilice un pronombre interrogativo

1. Aquí hay tres paraguas. ¿ .... es el tuyo?
2. ¿ .... habitantes tiene esta ciudad?
3. ¿ .... profesión tiene tu padre?
4. ¿Con .... has estado hablando por teléfono?
5. ¿ .... prefiere usted tomar, café o té?

II. Utilice un adjetivo/pronombre indefinido

1. Tengo mucha sed. ¡Sírveme .... vaso de agua, por favor!
2. Él juega .... los días al tenis.
3. .... trabajador tiene que pagar impuestos al estado.
4. Para este puesto de trabajo hay .... solicitudes.
5. No tenemos .... dinero para comprarnos un coche.

III. Ponga el pronombre relativo más apropiado

1. La película .... vimos ayer nos gustó mucho.
2. Este jersey es muy bonito, pero .... está en el escaparate me gusta más.
3. Las chicas con .... fuimos ayer a bailar son muy divertidas.
4. El edificio .... está a la izquierda es Correos y .... está a la derecha es el Ayuntamiento.
5. El señor .... me presentaron ayer es director de una importante empresa.

IV. A, DE, EN

1. .... la Costa del Sol han construido demasiados edificios.
2. El tren .... Barcelona .... Madrid ha salido con retraso.
3. Este domingo hay una exposición .... artesanía .... la Plaza Mayor.
4. Hemos tenido que estar .... pie porque no había ningún asiento libre.
5. .... invierno .... las 5 .... la tarde ya es.............. noche.

V. Verbos + preposición

1. En París nos bajamos .... tren y nos subimos .... autobús que nos estaba esperando en la estación.
2. Cuando llegamos .... Londres, empezó .... llover.
3. Aunque hacía frío, salimos .... pasear por el parque.
4. Él viene .... España .... aprender español en la universidad.
5. Cuando volvían .... su viaje de novios, tuvieron un accidente de coche.

VI. Siga el modelo

¿Has reservado las entradas?   *- Sí, las reservé ayer.*

1. ¿Habéis terminado el trabajo?   - ....
2. ¿Han visto ustedes la exposición?   - ....
3. ¿Ha hecho usted los ejercicios?   - ....
4. ¿Le has dado el dinero a Pedro?   - ....
5. ¿Te has comprado el abrigo negro?   - ....

VII. Utilice el tiempo más apropiado

1. Yo he .... *(dormir)* mal esta noche.
2. Mi hermano .... *(hacer)* el año pasado un viaje por toda Europa.
3. El ministro .... *(dar)* ayer una conferencia de prensa.
4. Durante las vacaciones, ella .... *(ir)* todas las mañanas a la playa.
5. Ellos .... *(volver)* hoy de su viaje por Portugal.

VIII. Complete el diálogo con los verbos

caer, comprar, dar, esperar, estar, haber, hacer, ir, llamar, poder, querer, romper, tener.

Carmen: ¿Qué .... ayer por la tarde?

Pilar: .... de compras con mi hermana. Después .... ir al cine Rex, pero no .... entrar porque ya no .... entradas. Como no .... frío, ... un paseo por la ciudad. ¿Y tú?

Carmen: Yo me .... que quedar toda la tarde en casa. .

Pilar: ¿Por qué?

Carmen: Porque .... la visita de mis tíos, pero a las ocho de la tarde me .... por teléfono para decirme que mi primo se .... por la escalera y se .... una pierna.

Pilar: ¡Qué mala pata!

PREGUNTAS 35 • ACIERTOS ....

La nueva casa

MIRA, YA ESTAMOS LLEGANDO. ALLÍ ESTÁ EL PUEBLO Y AQUELLA CASITA JUNTO AL RÍO ES LA MÍA.

¡QUÉ BONITA ES Y QUÉ BIEN SITUADA ESTÁ! ¿VIVIRÁS AQUÍ TODO EL AÑO?

NO, POR AHORA PASARÉ SÓLO LOS FINES DE SEMANA. PERO PASA POR AQUÍ Y TE LA ENSEÑARÉ. AÚN NO ESTÁN TERMINADAS LAS OBRAS. LA SEMANA QUE VIENE ME INSTALARÁN LA LUZ Y LA CALEFACCIÓN.

EL VESTÍBULO ES GRANDÍSIMO. ¿CÓMO LO AMUEBLARÁS?

LO IRÉ AMUEBLANDO POCO A POCO. AHORA DISPONGO DE POCO DINERO Y PARA COMPRAR CUALQUIER COSA HAY QUE TENER DINERO.

¿LO DECORARÁS TÚ MISMO?

SÍ, TRAERÉ DEL APARTAMENTO ALGUNOS CUADROS Y PIEZAS DE CERÁMICA POPULAR. FRENTE A LA PUERTA, COLOCARÉ UN MUEBLE CASTELLANO. Y ENCIMA, UN ESPEJO.

ESTA HABITACIÓN, ¿SERÁ EL SALÓN?

SÍ, DE MOMENTO PONDRÉ UN SOFÁ Y VARIAS SILLAS. ALLÍ IRÁ EL TELEVISOR Y EN AQUEL RINCÓN, UN MUEBLE-BAR.

Y ¿CUÁL SERÁ TU DESPACHO?

AQUELLA HABITACIÓN, AL FONDO DEL PASILLO. FRENTE A MI MESA DE TRABAJO COLOCARÉ UNA GRAN ESTANTERÍA QUE OCUPARÁ TODA LA PARED. EL DESPACHO COMUNICARÁ CON MI DORMITORIO.

Preguntas

1. ¿Dónde está la nueva casa de Paco?
2. ¿Vivirá Paco todo el año en su nueva casa?
3. ¿Están terminadas ya las obras?
4. ¿Qué le instalarán la semana que viene?
5. ¿Cómo amueblará el vestíbulo?

6. ¿Llamará Paco a un decorador o decorará él mismo la casa?
7. ¿Qué pondrá en el salón?
8. ¿Cuál será su despacho? ¿Con qué habitación comunicará su despacho?
9. ¿Construirá una chimenea? ¿Dónde y por qué?
10. Describa usted su casa.

El futuro imperfecto

	– ar	– er	– ir	
(yo)	*comprar-é*	*ser-é*	*ir-é*	– é
(tú)	*comprar-ás*	*ser-ás*	*ir-ás*	– ás
(él, ella, usted)	*comprar-á*	*ser-á*	*ir-á*	– á
(nosotros/as)	*comprar-emos*	*ser-emos*	*ir-emos*	– emos
(vosotros/as)	*comprar-éis*	*ser-éis*	*ir-éis*	– éis
(ellos, ellas, ustedes)	*comprar-án*	*ser-án*	*ir-án*	– án

APRENDA

esta tarde	
esta noche	
mañana	
la semana próxima/que viene	**+ futuro**
el mes próximo/que viene	
el año próximo/que viene	

Yo le escribo una carta/*mañana*.   — *Mañana le escribiré una carta.*

1. Él va de excursión a los picos de Europa/*la semana próxima*. — ....
2. Ellos nos invitan al teatro/*esta noche*. — ....
3. Comemos en un restaurante chino/*el domingo que viene*. — ....
4. ¿Vais a veranear al mar?/*el año próximo*. — ....
5. Mi madre me manda un paquete/*el mes que viene*. — ....
6. Te llamo a las 9 por teléfono/*mañana por la mañana*. — ....
7. Mi amigo estudia Medicina/*el año que viene*. — ....
8. Nosotros oímos la radio/*esta tarde*. — ....
9. Ellos ven la televisión después de cenar/*esta noche*. — ....
10. ¿Cogéis el avión o el barco?/*el mes próximo*. — ....

••• *El futuro imperfecto de los verbos*

caber	→	cabr-	querer	→	querr-	– é	diré
decir	→	dir-	saber	→	sabr-	– ás	dirás
haber	→	habr-	tener	→	tendr-	– -á	dirá
hacer	→	har-	valer	→	valdr-	– emos	diremos
poder	→	pudr-	venir	→	vendr-	– éis	diréis
poner	→	pondr-	salir	→	saldr-	– án	dirán

No vale la pena ver esta película.   — *No valdrá la pena ver esta película.*

1. No tengo tiempo. — ....
2. Ella no dice nada. — ....
3. Usted no quiere suspender el examen. — ....
4. No podemos ir de excursión. — ....
5. Ellos saben el número de teléfono del señor Gómez. — ....
6. Tú vienes a la fiesta. — ....
7. No hay entradas. — ....
8. Ella se pone su traje largo. — ....
9. Él sale de viaje a las 7. — ....
10. En esta sala no cabe tanta gente. — ....

3. Forme el futuro

¿Has hecho ya las maletas?   – **No, las haré mañana.**

1. ¿Se lo habéis dicho ya?   – ....
2. ¿Ha habido problemas?   – ....
3. ¿Han tenido ustedes dificultades?   – ....
4. ¿Han venido ya tus amigos?   – ....
5. ¿Han podido ustedes hablar con el director?   – ....
6. ¿Ha sabido María la noticia?   – ....
7. ¿Te has puesto ya el vestido nuevo?   – ....
8. ¿Han hecho ustedes los ejercicios?   – ....
9. ¿Ha salido el señor Molina ya de viaje?   – ....
10. ¿Ha querido él hablar con su abogado?   – ....

4. Siga el modelo

¡Ten paciencia!   – **No te preocupes. La tendré.**

1. Dímelo todo.   – ....
2. Sed puntuales.   – ....
3. Venga pronto.   – ....
4. Ponte el abrigo.   – ....
5. Tráeme el periódico.   – ....
6. Hazme caso.   – ....
7. Apagad la luz.   – ....
8. Cierra bien la puerta.   – ....
9. No pierdas los nervios.   – ....
10. Llamadme por teléfono.   – ....

● *Futuro imperfecto de ESTAR + Gerundio del verbo conjugado*

(yo)	**estaré**	
(tú)	**estarás**	*leyendo*
(él, ella, usted)	**estará**	
(nosotros/as)	**estaremos**	*descansando*
(vosotros/as)	**estaréis**	*escribiendo*
(ellos, ellas, ustedes)	**estarán**	

5. Siga el modelo

¿Qué estarás haciendo mañana a estas horas?/*hacer el examen.* — *Estaré haciendo el examen.*

1. ¿Qué estará haciendo ahora Carmen?/*llamar por teléfono.* — ....
2. ¿Qué estarán haciendo ellos?/*escuchar música.* — ....
3. ¿Qué estará haciendo Luis?/*preparar el examen.* — ....
4. ¿Qué estaréis haciendo mañana a esta hora?/*llegar a Roma.* — ....
5. ¿Qué estarán haciendo ahora los niños?/*jugar en el jardín.* — ....
6. ¿Qué estará usted haciendo el mes próximo?/*descansar junto al mar.* — ....
7. ¿Qué estará haciendo ahora Juan?/*dormir la siesta.* — ....
8. ¿Qué estará haciendo ahora María?/*limpiar la casa.* — ....
9. ¿Qué estarás haciendo mañana a estas horas?/*volar a París.* — ....
10. ¿Qué estará haciendo Carmen tanto tiempo en el baño?/*lavarse la cabeza.* — ....

El futuro imperfecto

Juan va al teatro.
Yo iré al teatro.
Nosotros iremos al teatro.

María tiene que trabajar mucho.
....
....

Ella hace mucho deporte.
....
....

Ellos se quedan en casa.
....
....

Ellos salen de viaje.
....
....

Él quiere ganar mucho dinero.
....
....

Pedro no dice nada.

....
....

Después de cenar, ellos ven la televisión.

....
....

Ellos no pueden solucionar el problema.

....
....

Él sabe hablar inglés.

....
....

6. Conteste a la pregunta

¿Quién te ha hecho este abrigo?/*yo.*   — *Yo mismo lo he hecho.*

1. ¿Quién ha arreglado la avería del coche?/*nosotros.*   — ....
2. ¿Quién le ha cortado el pelo a María?/*ella.*   — ....
3. ¿Quiénes han sido culpables?/*vosotros.*   — ....
4. ¿Quién os ha dado la noticia?/*ellos.*   — ....
5. ¿Quién se ha equivocado?/*tú.*   — ....
6. ¿Quién no ha dicho la verdad?/*usted.*   — ....
7. ¿Quién le ha decorado su casa?/*él.*   — ....
8. ¿Quién te ha prometido ayudarte?/*ellas.*   — ....
9. ¿Quién os ha hecho las camas?/*nosotras.*   — ....
10. ¿Quién le ha lavado a usted la ropa?/*yo.*   — ....

••• *Preposiciones PARA y POR*

para

a. **Dirección (= a, hacia)**
   Hoy salgo para Madrid.

b. **Finalidad, meta**
   Este paquete es para usted.
   Estoy aquí para aprender español.

c. **Tiempo futuro**
   Para mañana tenemos dos ejercicios.

d. **Acción que se espera en el futuro**
   El tiempo está para llover.

por

a. **Lugar (= a través de)**
   Pasamos por Madrid.

b. **Causa (= debido a, a causa de)**
   Está débil por los dolores.
   Ella está gorda por comer tanto.

c. **Espacio de tiempo**
   Por la mañana voy a la universidad,
   por la tarde me quedo en casa.

d. **Medio**
   Él habla por teléfono.

e. **Precio, cantidad, cambio**
   Compré el coche por 900.000 pesetas.
   Pagué por la habitación 31.500 pesetas.

f. **Agente**
   El Quijote fue escrito por Cervantes.

El Futuro ● ● ● ● ● ● ● ● ● ●

¿Te han arreglado ya el coche?
No, mañana me lo arreglarán.

¿Ha terminado usted ya el trabajo?
No, esta tarde ....

¿Habéis leído ya el periódico?
No, después de comer..

¿Ha regado Pilar ya las flores?
No, esta noche ....

¿Has hecho ya el examen?
No, la semana que viene ....

¿Han alquilado ustedes el apartamento?
No, el mes próximo ....

¿Habéis reservado ya la habitación?
No, el sábado ....

¿Has puesto ya la mesa?
No, ahora ....

¿Ha venido ya el cartero?
No, a las 12 ....

¿Has ido ya al dentista?
No, pasado mañana. ....

7. Complete con *para* o *por*

1. Todos los días vamos a pasear .... el parque.

2. Mi madre me ha mandado un paquete .... correo.

3. ¿ .... quién es este regalo? Es .... mi hermano.

4. .... la mañana tomo café y .... comer tomo un vaso de vino.

5. El tiempo está .... nevar.

6. La ciudad fue destruida .... las bombas.

7. .... llegar a la otra orilla hay que pasar .... un puente.

8. Él está enfadado .... el resultado del partido.

9. Durante el verano tendré que estudiar mucho .... aprobar el examen en septiembre.

10. Si pasas .... Sevilla, ven a verme.

Carlos: ¡Hola! ¿Qué .... *(hacer)*?

Lola: Estamos .... *(leer)* los anuncios de pisos.

Carlos: ¿ .... *(encontrar)* alguno interesante?

Pepe: Sí, un particular .... *(vender)* en Argüelles un ático con cuatro habitaciones, despacho, terraza y calefacción central.

Carlos: ¿Cuándo .... *(ir)* a verlo?

Pepe: .... *(acabar)* de hablar con el dueño y .... *(quedar)* en ir mañana a las once.

Lola: Ayer .... *(ver)* un piso en Cuatro Caminos, también con cuatro dormitorios que nos .... *(gustar)* mucho.

Carlos: ¿Y por qué no os .... *(decidir)*?

Pepe: Porque .... *(ser)* demasiado caro. El dueño nos .... *(decir)* que .... *(tener)* que dar un millón seiscientas mil pesetas a la entrega de llaves y pagar treinta y cuatro mil al mes.

Carlos: ¿ .... *(ver)* un anuncio de chalets adosados, en el kilómetro quince de la Carretera de Valencia, de protección oficial? Sólo .... *(haber)* que dar sesenta y cinco mil de entrada.

Lola: Sí, lo .... *(ver)* ayer y .... *(querer)* ir este fin de semana a informarnos mejor.

Carlos: Avisadme cuando vayáis, pues yo también los .... *(querer)* ver.

Pepe: De acuerdo, te .... *(llamar)*.

SU CHALET EN MADRID A 8 MINUTOS

En el km. 15 Ctra. de Valencia

ADOSADOS

- Con 300 m² de parcela
- 140 m² útiles
- 2 plantas
- Agua caliente y calefacción individual
- Chimenea francesa
- 3 y 4 dormitorios
- Garaje
- Buhardilla

Protección oficial

75.000 ENTRADA ÚNICA 23.000

Información
Telfs. 472 10000 - 472 1008

1. ¿Tenéis algún plan .... hoy?

2. Él lucha .... la libertad.

3. Esta noticia la he oído .... la radio.

4. Hicimos un viaje .... toda Europa.

5. Este trabajo tiene que estar .... el lunes.

6. Él trabaja .... una empresa japonesa.

7. El avión no pudo aterrizar .... la niebla.

8. El alcohol no es bueno .... la salud.

9. Mándame .... télex tus datos personales.

10. Estos zapatos son buenos .... la lluvia.

ARIES (20-21 de marzo al 19-21 de abril). Tendrá que aclarar algo relacionado con estudios, papeleos o comunicaciones, o en lo que puedan intervenir hermanos, vecinos o compañeros. Tiene suficiente vitalidad y ánimo para hacer frente a los inconvenientes que ponen otras personas a sus sentimientos.

TAURO (19-21 de abril al 20-22 de mayo). La familia y el hogar van a ser una fuente de satisfacciones y disfrute, recepción de noticias alegres, realización de un viaje muy apetecido, interés por emprender alguna labor o estudio entre todos. Estará dispuesto a expresar abiertamente sus sentimientos.

GÉMINIS (20-22 de mayo al 21-22 de junio). Su capacidad mental y verbal, así como su habilidad para relacionarse, le harán un gran servicio esta semana en sus intereses profesionales o sociales. Período favorable para el amor, las diversiones y las aficiones. Impulso creativo en sus actividades.

CÁNCER (21-22 de junio al 22-23 de julio). Sus ocupaciones habituales van a ser motivo de alguna satisfacción, noticia agradable o viaje provechoso. Tendrá, no obstante, que esforzarse para evitar despistes o pequeños fallos que perjudican la imagen. Profundización en sus sentimientos.

LEO (22-23 de julio al 23-24 de agosto). Su intervención será valiosa en un conflicto entre partes profesionales o sociales; su optimismo y buen hacer limarán las asperezas de la controversia y acercarán intereses. Se respetará su autoridad o capacidad. Unidad entre su razón y sus sentimientos.

VIRGO (23-24 de agosto al 23-24 de septiembre). Esta semana los asuntos económicos y profesionales tendrán un marcado cariz expansivo. Una buena operación o logro, transformación o ampliación de sus actividades. Ánimo optimista e intenso. Se sentirá mucho más seguro de sí mismo y de sus decisiones.

LIBRA (22-24 de septiembre al 23-24 de octubre). Se puede sentir atraído por ideas o actividades humanistas, espirituales o esotéricas. Semana apropiada para reflexionar, organizar, realizar un viaje o estudio interesante y para el diálogo o el intercambio de noticias. Sentimientos alegres.

ESCORPIO (23-24 de octubre al 22-23 de noviembre). Esta semana tendrá más en cuenta sus ambiciones en el terreno profesional o social. Puede estar haciendo proyectos de gran envergadura o de largo tiempo. Se sentirá interesado por un tema de estudio y deseará conocer lo que se sabe acerca de él.

SAGITARIO (22-23 de noviembre al 21-22 de diciembre). Período de vida social activa. La alegría, conversaciones sobre temas interesantes, intercambios, etcétera, que se producirán en una reunión se compensarán de sus es... por los...

CAPRICORNIO (21-22 de diciembre al 20-21 de enero). Remontará algunas dificultades y puede obtener una buena lección, o incluso un éxito, si se trata de asuntos laborales que requieran una solución oportuna y eficaz. Se irá encontrando mejor de salud o de ánimo conforme vaya pasando la semana.

ACUARIO (20-21 de enero al 18-19 de febrero). Semana activa en la que será protagonista de las decisiones que se tomen o en las reuniones que se hagan. Recibirá felicitaciones por haber dado con la solución a un problema. Deberá controlar un poco su salud. Evite las tensiones y los riesgos físicos.

PISCIS (18-19 de febrero al 20-21 de marzo). Algún apuro o conflicto de naturaleza material; no arriesgue imprudentemente ni queme sus naves antes de tiempo... debe permiti... con...

Un viaje

Pedro: ¡Hola! Carmen, por favor, prepárame el equipaje. Tengo que salir de viaje para París.

Carmen: ¿Cuándo saldrás?

Pedro: Después de comer me iré a Barcelona y allí cogeré el tren para París.

Carmen: ¿Estarás muchos días en París?

Pedro: No, espero estar tan sólo un par de días. Tengo que discutir algunos asuntos de compra-venta que me llevarán poco tiempo. El acuerdo entre las dos partes es una realidad.

Carmen: Entonces te prepararé el maletín; es más cómodo para viajar. Escucha, ¿por qué no te vas en avión?

Pedro: ¡No! Sabes que no me gusta viajar en avión. Me da la impresión de que es un medio poco seguro.

Carmen: Lo que te pasa es que tienes miedo al avión. Entonces irás en coche-cama, ¿no?

Pedro: Por supuesto. Es la manera más cómoda y segura de viajar. Aunque no puedo dormir bien, sin embargo, descanso bastantes horas.

Carmen: Bien, te llevaré el maletín a la oficina mientras tanto. Allí nos veremos. Hasta luego.

Pedro: Hasta luego, y no te entretengas demasiado.

COCHE - CAMA

BARCELONA

Preguntas

1. ¿Tiene que salir Pedro de viaje?
2. ¿A dónde viajará Pedro?
3. ¿Cuándo saldrá?
4. ¿Pasará muchos días en París?
5. ¿En qué viajará?

6. ¿Por qué no viaja en avión?
7. ¿Por qué prefiere el tren?
8. ¿Desde dónde irá a París?
9. ¿A dónde le llevará Carmen el maletín?
10. ¿Es difícil el acuerdo comercial?

Futuro imperfecto de los verbos irregulares

	hacer	decir	venir	tener	
(yo)	haré	diré	vendré	tendré	– é
(tú)	harás	dirás	vendrás	tendrás	– ás
(él, ella, usted)	hará	dirá	vendrá	tendrá	– á
(nosotros/as)	haremos	diremos	vendremos	tendremos	– emos
(vosotros/as)	haréis	diréis	vendréis	tendréis	– éis
(ellos, ellas, ustedes)	harán	dirán	vendrán	tendrán	– án

Presente / Futuro imperfecto

1. *Mañana **salimos** de viaje.*   *Mañana **saldremos** de viaje.*
2. *Seguramente **está** ahora en casa.*   *Seguramente **estará** ahora en casa.*

1. El presente se utiliza para una acción futura cuando hay un mayor interés y un mayor grado de participación.
2. El futuro se utiliza para expresar una probabilidad en un tiempo presente.

1. Utilice el futuro

Mañana vamos al teatro.   – *Mañana iremos al teatro.*

1. Esta tarde nos quedamos en casa.   – ....
2. Ellos vienen mañana.   – ....
3. El próximo sábado hacemos una excursión.   – ....
4. Hoy por la noche salgo a cenar con mis amigos.   – ....
5. Este fin de semana hay huelga de taxis.   – ....
6. Mañana por la tarde no estamos en casa.   – ....
7. El próximo viernes te puedo dar una contestación.   – ....
8. Mañana podemos ir juntos al cine.   – ....
9. La semana próxima te devuelvo el dinero.   – ....
10. El jueves próximo tengo tres horas libres.   – ....

2. Conjugue los verbos que están entre paréntesis, en el futuro imperfecto

1. No sé que .... *(estar)* haciendo Juan ahora.
2. ¿ .... *(saber)* ellos ya la noticia?
3. Estás muy cansado. Seguramente .... *(querer)* descansar un poco.
4. Ella tiene un buen trabajo. Seguramente .... *(ganar)* un buen sueldo.
5. Usted seguramente .... *(pensar)* que no hay solución.
6. ¿Qué edad .... *(tener)* esta señora?
7. ¿Qué hora es? .... *(ser)* ya las 3.
8. ¿Cuánto .... *(costar)* un crucero por el Mediterráneo?
9. ¿Cuántas personas .... *(haber)* ahora en esta sala?
10. ¿Cuánto .... *(medir)* esta habitación?

quiero ir	⟶	iré
voy a ir	⟶	iré

APRENDA

3. Siga el modelo

Este fin de semana queremos ir al teatro. — *Este fin de semana iremos al teatro.*

1. Él quiere jugar mañana al tenis.   — ....
2. Ella quiere ir de compras.   — ....
3. Nosotros queremos hacer una excursión.   — ....
4. Vosotros queréis salir temprano.   — ....
5. Ellas quieren venir a visitarnos.   — ....
6. Nosotros queremos conocer París.   — ....
7. Usted quiere tener todo listo.   — ....
8. Quiero saber alemán.   — ....
9. Ellas quieren poner el televisor en el comedor.   — ....
10. Ustedes no quieren decir nada.   — ....

Los libros no caben aquí.
No cabrán aquí.

Este aparato no vale para nada.
....

Hay nieve en la sierra.
....

¿Podemos dormir con este ruido?
....

Quiere ir al cine.
....

Vienen mañana.
....

Salgo mañana para París.
....

Ellos no saben la lección.
....

Usted no tiene tiempo.
....

Ella no dice nada.
....

¿Vas a ir al teatro esta noche?　　　　　— *Sí, iré al teatro esta noche.*
　　　　　　　　　　　　　　　　　　　— *No, no iré al teatro esta noche.*

1. ¿Vais a quedaros hoy en casa?　　　　— ....
2. ¿Va a salir usted con nosotros?　　　— ....
3. ¿Vas a ir a la ciudad?　　　　　　　— ....
4. ¿Van a hacer ustedes un viaje?　　　— ....
5. ¿Va él a venir esta noche?　　　　　— ....
6. ¿Vais a estudiar español?　　　　　— ....
7. ¿Vas a ver el partido?　　　　　　　— ....
8. ¿Van a cenar ellos en un restaurante?　— ....
9. ¿Vas a quedarte más tiempo?　　　　— ....
10. ¿Vais a jugar al póquer?　　　　　　— ....

••• *Futuro perfecto: Futuro de HABER + Participio perfecto*

		-ar > ado	-er >ido	-ir >ido
(yo)	habré			
(tú)	habrás			
(él, ella, usted)	habrá			
(nosotros/as)	habremos	comprado	perdido	cumplido
(vosotros/as)	habréis			
(ellos, ellas, ustedes)	habrán			

ESQUEma GRAMAtical 2

••• **5. Forme el futuro perfecto**

Ellos ya... *(resolver)* el problema.　　　— *Ellos ya habrán resuelto el problema.*

1. El tren ya... *(llegar)* a Valencia.　　　— ....
2. Mañana nosotros ya... *(hacer)* todo.　— ....
3. La policía ya... *(descubrir)* al ladrón.　— ....
4. Ustedes ya... *(ver)* el Museo del Prado.　— ....
5. Mañana yo ya... *(escribir)* la carta.　　— ....
6. ¿Quién... *(romper)* el cristal?　　　　— ....
7. ¿Qué le... *(decir)* Carmen al jefe?　　— ....
8. ¿Quién... *(abrir)* este paquete?　　　— ....

6. Conteste a la pregunta

¿Han venido tus amigos?   *– Sí, ya habrán venido. / – No, no habrán venido.*

1. ¿Ha salido Juan de casa?   – ....
2. ¿Han ido de compras?   – ....
3. ¿Se han despedido de los tíos?   – ....
4. ¿Se ha retrasado el tren?   – ....
5. ¿Han cantado los niños?   – ....
6. ¿Ha comprendido él el discurso?   – ....
7. ¿Han terminado ellos el ejercicio?   – ....
8. ¿Ha escuchado ella la conferencia?   – ....
9. ¿Han telefoneado ellos a sus parientes?   – ....
10. ¿Ha colgado María el cuadro?   – ....

Adverbios terminados en -mente

adjetivo	adverbio
segur**o**	segura**mente**
ciert**o**	cierta**mente**
probable	probable**mente**
feliz	feliz**mente**
difícil	difícil**mente**

7. Forme adverbios

Él nos saludará con cariño.   *– Él nos saludará cariñosamente.*

1. Ellos vendrán con seguridad mañana.   – ....
2. Vosotros no habláis con cortesía.   – ....
3. Ella responde con afabilidad.   – ....
4. ¡Por favor, habla con claridad!   – ....
5. Tú actúas con torpeza.   – ....
6. Nosotros trabajamos con rapidez.   – ....
7. Ella nos miró con alegría.   – ....
8. ¡Esperad con paciencia!   – ....
9. Ellos salieron con urgencia hacia Madrid.   – ....
10. Ustedes han resuelto todo a la perfección.   – ....

Futuro perfecto ● ● ● ● ● ●

¿Ha llegado ya Luis?
Sí, seguramente habrá llegado ya.

¿Ha salido ya el tren?
Sí, seguramente ....

¿Ha aterrizado ya el avión?
Sí, probablemente ....

¿Ha contestado ya a la carta?
Sí, probablemente ....

¿Han tenido problemas?
Sí, probablemente ....

¿Han hecho los ejercicios?
No, seguramente ....

¿Han resuelto el problema?
Difícilmente ....

¿Han escrito el poema?
Sí, posiblemente ....

¿Han vuelto tarde?
Sí, seguramente ....

¿Han compuesto la canción?
Difícilmente ....

244

8. Complete con la preposición más adecuada

1. ¿ .... qué día estamos hoy? Hoy es 23 .... marzo.
2. ¿ .... cuándo estás estudiando español? .... hace dos años.
3. ¿Qué harán ustedes .... las vacaciones? Haremos un viaje .... toda Europa.
4. .... el concierto no se oyó ni respirar. Cuando terminó, todo el mundo se puso .... pie y aplaudió .... gran entusiasmo al director.
5. El profesor escribió las palabras difíciles .... la pizarra.
6. Ellos entraron .... la puerta .... la cocina.
7. Tengo que bajar .... la bodega .... buscar una botella .... vino.
8. Estuve tomando el sol .... la terraza .... la hora .... comer.
9. ¡Cuidado .... el perro!
10. María se marchó .... lágrimas .... los ojos.

9. Complete el diálogo con las siguientes palabras

EN UNA AGENCIA DE VIAJES

excursiones
pasar
servir
temporada alta
junto a la playa
aire acondicionado
con derecho a cocina
dormitorios
exactamente
un mes de antelación
sucursal
condiciones de pago
información.

Señorita: Buenas tardes, ¿en qué puedo .... le?

Cliente: Quisiera .... mis vacaciones de verano en la Costa del Sol y venía a pedir ....

Señorita: Bien, tenemos varias .... programadas que siempre son más económicas. Por ejemplo, dos semanas en la Costa del Sol, en un apartamento .... , viaje en autocar equipado con .... sale por unas treinta y cinco mil pesetas. La misma excursión en la .... cuesta diez mil pesetas más.

Cliente: ¿El apartamento es .... ?

Señorita: Sí, los apartamentos tienen una cocina pequeña, dos .... con dos camas cada uno, un salón-comedor y una terraza con vistas al mar.

Cliente: ¿Dónde están .... estos apartamentos?

Señorita: En la playa de San Miguel, en Torremolinos,
a nueve kilómetros de Málaga. Allí tenemos
una .... a donde usted
puede dirigirse si tiene algún problema.

Cliente: ¿Con cuánto tiempo hay que hacer la reserva?

Señorita: Con .... como mínimo.
Pedimos una señal del veinticinco por ciento del
importe total. Si usted, por algún motivo, no puede
hacer el viaje, le devolvemos el dinero.

Cliente: ¿Me puede dar algún folleto para enseñárselo
a mi mujer?

Señorita: Por supuesto. Aquí dentro tiene usted los precios
y las ....

Cliente: Muchas gracias por todo. Adiós, buenas tardes.

Señorita: De nada. Hasta pronto.

Juan escribe a su amigo Ricardo

Madrid, 17 de diciembre de 1992

Querido Ricardo:

¿Qué tal estás? Espero que todos estéis bien de salud y os deseo que el Nuevo Año os traiga toda clase de bienes y que veáis todos vuestros deseos cumplidos.

Te ruego que perdones mi largo silencio, pero no he tenido prácticamente tiempo de escribirte.

El motivo de dirigirme a ti es para que me reserves, a partir del primero de enero, una habitación en un hotel que esté cerca del centro de la ciudad y bien comunicado. No importa que sea caro.

Lo más seguro es que tenga que pasar unos cuantos meses en tu país, pues mi empresa quiere que estudie sobre el terreno las posibilidades que existen para abrir una filial.

Si quieres que te diga la verdad, al principio no me agradó la idea de tener que estar durante un largo tiempo fuera de casa, pero ahora me alegro de que sea así, ya que es una buena ocasión para que nos volvamos a ver, y quizá sea una experiencia positiva para mi futuro profesional.

Un fuerte abrazo de tu amigo,

Juan

Preguntas

1. ¿Qué les desea Juan a sus amigos?
2. ¿Hace tiempo que no escribía?
3. ¿Cuál es el motivo esencial de la carta?
4. ¿Por qué tiene que pasar un tiempo fuera de su país?
5. ¿Qué le pide a su amigo?
6. ¿Dónde prefiere que esté situado el hotel?
7. ¿Le importa el precio del hotel?
8. ¿Le agradó a Juan la idea al principio?
9. ¿Puede ser importante para él su estancia en el extranjero?
10. ¿De qué se alegra Juan?

● *Presente de Subjuntivo*

	-ar	-er	-ir
(yo)	*estudi-e*	*beb-a*	*abr-a*
(tú)	*estudi-es*	*beb-as*	*abr-as*
(él, ella, usted)	*estudi-e*	*beb-a*	*abr-a*
(nosotros/as)	*estudi-emos*	*beb-amos*	*abr-amos*
(vosotros/as)	*estudi-éis*	*beb-áis*	*abr-áis*
(ellos, ellas, ustedes)	*estudi-en*	*beb-an*	*abr-an*

● *Vocal característica*

Verbos en:	-ar	-er	-ir
Presente de indicativo:	a	e	e
Presente de subjuntivo:	e	a	a

Quizá Ojalá	+	Subjuntivo

APRENDA

● 1. Utilice el subjuntivo

¿Beberán ustedes un poco de vino? — *Quizá bebamos un poco de vino.*

1. ¿Compraréis el cuadro? — ....
2. ¿Alquilará usted un apartamento? — ....
3. ¿Comerán ustedes hoy en un restaurante? — ....
4. ¿Os quedaréis hoy en casa? — ....
5. ¿Nos llamará él por teléfono? — ....
6. ¿Abrirán hoy las tiendas? — ....
7. ¿Esperarán ustedes a Pedro? — ....
8. ¿Pasaréis por Sevilla? — ....
9. ¿Le escribirás una carta? — ....
10. ¿Se salvará el enfermo? — ....

2. Utilice el subjuntivo

¿Comprarás la casa? — *Ojalá la compre.*

1. ¿Os darán el premio? — ....
2. ¿Lloverá mañana? — ....
3. ¿Tocará el piano? — ....
4. ¿Alcanzaremos la meta? — ....
5. ¿Solucionará él el problema? — ....
6. ¿Llegarán ellos a tiempo? — ....
7. ¿Me escribirá pronto? — ....
8. ¿Atrapará la policía al ladrón? — ....
9. ¿Nos invitarán ellos a la fiesta? — ....
10. ¿Se curará pronto el herido? — ....

... *Presente de Subjuntivo de los verbos irregulares*

	hacer - hago	tener - tengo	salir - salgo	venir - vengo
(yo)	haga	tenga	salga	venga
(tú)	hagas	tengas	salgas	vengas
(él, ella, usted)	haga	tenga	salga	venga
(nosotros/as)	hagamos	tengamos	salgamos	vengamos
(vosotros/as)	hagáis	tengáis	salgáis	vengáis
(ellos, ellas, ustedes)	hagan	tengan	salgan	vengan

NOTA: Los verbos con primera persona irregular en el presente de indicativo forman el presente de subjuntivo a partir de ella.

... *Verbos que rigen Subjuntivo*

aconsejar
desear
decir
exigir
impedir
dejar/permitir   **+ Subjuntivo**
pedir/suplicar/rogar
prohibir
querer
mandar/ordenar/obligar
recomendar

Uso del Subjuntivo

El profesor nos dice que hagamos los ejercicios.

Te deseo que tengas buen viaje.

Te ruego que borres la pizarra.

Le recomiendo que vea la película.

Te ordeno que vengas inmediatamente.

La madre le prohíbe al niño que salga.

¿Me permite que le haga una pregunta?

El jefe le manda a la secretaria que eche la carta urgentemente.

Te pido que me ayudes a llevar las maletas.

El mal tiempo impide que salgamos de excursión.

251

Dame dinero/*Te lo suplico.* — *Te suplico que me des dinero.*

1. Lea este libro/*Se lo aconsejo.* — ....
2. No vengas esta tarde/*Te lo prohíbo.* — ....
3. Salga inmediatamente de la habitación/*Se lo ordeno.* — ....
4. Hazme un favor/*Te lo pido.* — ....
5. Pague la factura/*Se lo exijo.* — ....
6. No os pongáis nerviosos/*Os lo ruego.* — ....
7. Levántate/*Te lo ordeno.* — ....
8. Tened paciencia/*Os lo suplico.* — ....
9. Compren este disco/*Se lo recomiendo.* — ....
10. No me insulte/*No se lo permito.* — ....

Presente de Subjuntivo de los verbos con diptongación

Indicativo y Subjuntivo	Indicativo y Subjuntivo
1. Verbos en **-ar**	1. Verbos en **-ar**
e>ie 1.ª, 2.ª, 3.ª sing., 3.ª plur.	**o>ue** 1.ª, 2.ª, 3.ª sing., 3.ª plur.

acierto		acuerdo	
acertar	acierte	acordar	acuerde
calentar	aciertes	acostar	acuerdes
encerrar	acierte	colgar	acuerde
negar	acertemos	contar	acordemos
pensar	acertéis	demostrar	acordéis
sentar	acierten		acuerden

2. Verbos en **-er**	2. Verbos en **-er**
e>ie 1.ª, 2.ª, 3.ª sing., 3.ª plur.	**o>ue** 1.ª, 2.ª, 3.ª sing., 3.ª plur.

quiero		vuelvo	
querer	quiera	volver	vuelva
atender	quieras	devolver	vuelvas
defender	quiera	doler	vuelva
descender	queramos	morder	volvamos
encender	queráis	mover	volváis
perder	quieran	resolver	vuelvan

Presente de Subjuntivo de los verbos con diptongación

ndicativo y Subjuntivo		Indicativo y Subjuntivo	
3. Verbos en -**ir**		3. Verbos en -**ir**	
e>ie 1.ª, 2.ª, 3.ª sing, 3.ª plur.		**e>i** 1.ª, 2.ª, 3.ª sing, 1.º, 2º, 3.ª plur.	
siento		sirvo	
sentir	sienta	servir	sirva
advertir	sientas	medir	sirvas
consentir	sienta	pedir	sirva
divertir	sintamos	repetir	sirvamos
preferir	sintáis	vestir	sirváis
	sientan		sirvan

Expresiones que rigen Subjuntivo • • •

Es conveniente	
Es importante	
Es incierto	**+ Subjuntivo**
Es interesante	
Es necesario	
Es probable/posible	

4. Siga el modelo

¿No pides el libro?   – *Es conveniente que lo pidas.*

1. ¿Se acuesta usted pronto?   – ....
2. ¿No defienden ustedes el proyecto?   – ....
3. ¿No resuelves el problema?   – ....
4. ¿No duerme bien el niño?   – ....
5. ¿No recuerda usted todo?   – ....
6. ¿No calentáis la casa?   – ....
7. ¿No hierves el agua?   – ....
8. ¿No se vuelve a discutir el tema?   – ....
9. ¿No niega usted nada?   – ....
10. ¿No contáis con el apoyo del director? – ....

5. Siga el modelo

¿Se siente él discriminado en la sociedad?/*Es posible.* – *Es posible que él se sienta discriminado.*

1. ¿Hará mañana buen tiempo? – ....
2. ¿Acertaremos las quinielas? – ....
3. ¿Viajará usted el mes próximo? – ....
4. ¿Terminará Carlos la tesis el año que viene? – ....
5. ¿Os casaréis pronto? – ....
6. ¿Podrás venir mañana? – ....
7. ¿Resolverás pronto el problema? – ....
8. ¿Nos volveremos a ver? – ....
9. ¿Encontrará Pedro el camino? – ....
10. ¿Se divertirán ellos en la fiesta? – ....

Pronombre relativo + Subjuntivo

Que +Presente de Indicativo = Descripción de una realidad.
Que+Presente de Subjuntivo =Para expresar deseo o condición.

*Tengo una habitación que **tiene** mucho sol.*

Quiero	
Busco	*una habitación que **tenga** mucho sol.*
Deseo	

6. Utilice el relativo

Buscamos una casa. La casa debe estar cerca del centro.
Buscamos una casa que esté cerca del centro.

1. Se busca ingeniero de telecomunicaciones. Debe saber hablar inglés.

....

2. Quiere vivir en una gran ciudad. La ciudad debe tener un buen aeropuerto.

....

3. Necesitamos una secretaria. Debe trabajar eficazmente.

....

4. Aconséjeme un perfume. El perfume no debe ser muy fuerte.

....

5. Ellos buscan un abogado. El abogado debe defender bien a sus clientes.

....

254

6. Solicitaré una beca. La beca debe permitirme vivir sin problemas.

   ....

7. Deseamos un coche. El coche no debe gastar mucha gasolina.

   ....

8. Recomiéndame unas revistas. Las revistas deben ser interesantes.

   ....

9. Quiero un jersey. El jersey debe ir con esta falda.

   ....

10. Esta empresa necesita empleados. Estos empleados deben estar dispuestos a viajar continuamente.

    ....

Uso del Subjuntivo

Es importante que vayas a la facultad.

Es necesario que vengas a casa.

Es probable que él haga el trabajo.

Es incierto que él salga de viaje.

Es conveniente que aprendas a conducir.

Es imposible que salga adelante el proyecto.

Uso del Subjuntivo ● ● ● ●

Es importante que él juegue el domingo.

Es imposible que vaya al cine.

Es necesario que sepas nadar.

Es interesante que leas el artículo.

● ● ●　**7. Diga lo contrario**

Él habla *muy despacio*.　　　　— *Él habla muy deprisa.*

1. Ella tiene *muy mal* carácter.　　— ....
2. Mi calle es *muy ruidosa*.　　　— ....
3. La ropa está *mojada*.　　　　— ....
4. Aquí tenemos un clima *muy caluroso*.　— ....
5. Aquel muchacho es *inteligente*.　— ....
6. Estos ejercicios son *bastante fáciles*.　— ....
7. Mi café está *frío*.　　　　　— ....
8. Su casa es *grande*.　　　　— ....
9. Tengo *poca* hambre.　　　　— ....
10. Las tiendas están *abiertas*.　— ....

1. Espere un momento, que pronto .... con usted.
2. La segunda parte del partido .... muy aburrida porque los jugadores ya .... bastante cansados.
3. Mi hermana .... de enfermera en una clínica privada.
4. ¿Qué te pasa? ¿Por qué .... tan triste?
5. Oye, no grites tanto, que no .... sordo.
6. Él .... sordomudo de nacimiento.
7. El hijo de los vecinos .... muy travieso. Siempre .... haciendo alguna trastada.
8. Los mejores atletas suelen .... negros.
9. Los alumnos .... muy atentos en clase.
10. María .... una persona muy atenta.

alegrar, hacer, tener, desear, querer, salir, llegar, comunicar, tener, esperar, ser, estar, hablar, recibir.

Roma 27 de diciembre de 1992

Querido Juan:

Me .... recibir tu carta, pues ya .... tiempo que no .... noticias tuyas. Yo también te .... a ti y a toda tu familia un feliz y próspero Año Nuevo.

Como .... que hoy mismo .... la carta para que te .... a tiempo, te .... únicamente que ya .... reservado hotel. .... que .... de tu agrado.

Por supuesto, te .... esperando en el aeropuerto; ya .... más despacio de todo. Hasta entonces, ...

un fuerte abrazo de tu amigo,

Ricardo.

CORRESPONDENCIA

JUGOSA

JUNTAS DE GOMA, S.A.

PAZ, 23
32 665·ORENSE

MOTORES ROTATIVOS, S.A. (MOROSA)
Avda. de la Industria, 32
03006 ALICANTE

Orense, 27 de agosto de 1991

Muy Sres. nuestros:

A la vista de las numerosas peticiones que nos han
llegado, hemos preparado una serie de folletos
ilustrados en los que se detallan con toda claridad
nuestros productos, con explicaciones para su uso, así
como algunos datos relativos a su fabricación.

La distribución de estos folletos entre sus clientes
se traducirá, con toda seguridad, en un considerable
aumento de sus ventas.

Incluimos, para su información, unas muestras de los
mismos, con el ruego de que nos indiquen la cantidad
que estimen necesaria de cada folleto, para poder
enviárselos sin demora.

Atentamente,

Lucía Conesa Llama
DIRECTORA DE MARKETING.

Apéndice Gramatical

Alfabeto español

| **... Lectura** | | | **Pronunciación** | | |

Lectura

Mayúscula	Minúscula	Lectura
A	a	a
B	b	be
C	c	ce
CH	ch	che
D	d	de
E	e	e
F	f	efe
G	g	ge
H	h	hache
I	i	i
J	j	jota
K	k	ka
L	l	ele
LL	ll	elle
M	m	eme
N	n	ene
Ñ	ñ	eñe
O	o	o
P	p	pe
Q	q	qu (ku)
R	r	ere y erre
S	s	ese
T	t	te
U	u	u
V	v	uve
W	w	uve doble
X	x	equis
Y	y	i griega
Z	z	zeta

Pronunciación

Letra	Sonido		Representación ortográfica
b	b	b	beber, bajo
		v	vino, vivir
c z	z	c + e, i	Cecilia, cielo
		z + a, o, u	Zaragoza, zorro, zueco, paz
ch	ô		chico, muchacho
g	g	g + a, o, u	gato, gota, gutural
		gu + e, i	guerra, guitarra
h	no se pronuncia		harina, heno
k	k	k	kilo, kilómetro
c	k	c + a, o, u	calor, color, cuna
qu	no se pron. la u	qu + e, i	querer, quiosco
j	x	j + a, o, u, e, i	jamás, joven, jueves
			Jesús, Méjico
g		g + e, i	coger, dirigir, genio
r	r		cara, torero
r rr	r	inicial, después de consonante	río, alrededor, enredo
		y entre vocales	carro, torre
w	b	en palabras extranjeras;	wagón (vagón)
x	s	x + consonante	extranjero, extraño
	gs	vocal + x + vocal	examen, exigir
y	y	y + vocal	yo, leyes
	i	posición final	ley, rey
	i	posición libre	y, contar y comer

• • *La acentuación*

El acento ortográfico recae siempre sobre la vocal, de acuerdo con las reglas siguientes:

Palabras oxítonas (— — —́)

El acento recae sobre la última sílaba. Se acentúan ortográficamete las acabadas en **vocal**, **n** y **s**. El resto no lleva acento ortográfico.

Papá, café, corazón, ciprés, lleváis, nación, nevar, reloj, sol, Madrid, nacional.

Palabras paroxítonas (— —́ —)

El acento recae sobre la penúltima sílaba. Se acentúan ortográficamente las palabras acabadas en **consonante** menos **n** y **s**. Las acabadas en vocal no se acentúan ortográficamente.

Difícil, árbol, útil, cárcel.
Cipreses, lloramos, resumen.
Ayuntamiento, gallo, calma, Pepe.

Palabras proparoxítonas (—́ — —)

El acento recae sobre la antepenúltima sílaba. Se acentúan ortográficamente todas las palabras proparoxítonas.

Médico, último, sílaba, esdrújula, único.

ia/ie/io/iu/ua/ue/ui/ou equivalen a una sola sílaba, salvo si llevan acento escrito en la i/u.

Hacia, tiene, labio, ciudad, agua, suelo, muy, antiguo.
tenía, ríe, tío, país, acentúe, dúo.

eo/oe/ea/oa/ae/ao/ equivalen a dos sílabas.

Leo, poeta, vea, toalla, caer, ahora.

Entonación

En el discurso enunciativo

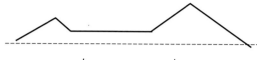

La mesa es grande.

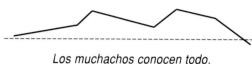

Los muchachos conocen todo.

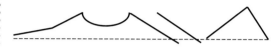

Los perros son blancos, fuertes, inquietos.

En el discurso interrogativo

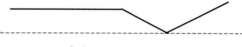

¿Quieres comer conmigo?

¿Hablas inglés?

En el discurso exclamativo

¡Qué frío!

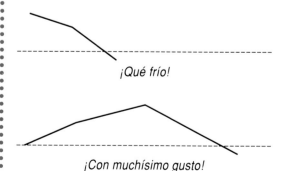

¡Con muchísimo gusto!

Verbos

Auxiliares

CONJUGACIÓN DEL VERBO SER

Infinitivo: ser
Gerundio: siendo
Participio: sido
Imperativo: sé, sea, seamos, sed, sean

INDICATIVO

Presente	Pret. Imperfecto	Pret. Indefinido	Futuro Imperfecto
soy	era	fui	seré
eres	eras	fuiste	serás
es	era	fue	será
somos	éramos	fuimos	seremos
sois	erais	fuisteis	seréis
son	eran	fueron	serán

Pret. Perfecto		Pret. Pluscuamperfecto		Futuro perfecto	
he	sido	había	sido	habré	sido
has	sido	habías	sido	habrás	sido
ha	sido	había	sido	habrá	sido
hemos	sido	habíamos	sido	habremos	sido
habéis	sido	habíais	sido	habréis	sido
han	sido	habían	sido	habrán	sido

SUBJUNTIVO

Presente	Pret. Imperfecto		Pret. Perfecto		Pret. Pluscuamperfecto		
sea	fuera	/fuese	haya	sido	hubiera	/hubiese	sido
seas	fueras	/fueses	hayas	sido	hubieras	/hubieses	sido
sea	fuera	/fuese	haya	sido	hubiera	/hubiese	sido
seamos	fuéramos	/fuésemos	hayamos	sido	hubiéramos	/hubiésemos	sido
seáis	fuerais	/fueseis	hayáis	sido	hubierais	/hubieseis	sido
sean	fueran	/fuesen	hayan	sido	hubieran	/hubiesen	sido

CONDICIONAL

Simple	Compuesto	
sería	habría	sido
serías	habrías	sido
sería	habría	sido
seríamos	habríamos	sido
seríais	habríais	sido
serían	habrían	sido

CONJUGACIÓN DEL VERBO ESTAR

Infinitivo: estar
Gerundio: estando
Participio: estado
Imperativo: está, esté, estemos, estad, estén

INDICATIVO ● ● ● ● ● ● ● ● ● ● ● ● ● ●

Presente	Pret. Imperfecto	Pret. Indefinido	Futuro Imperfecto
estoy	estaba	estuve	estaré
estás	estabas	estuviste	estarás
está	estaba	estuvo	estará
estamos	estábamos	estuvimos	estaremos
estáis	estabais	estuvisteis	estaréis
están	estaban	estuvieron	estarán

Pret. Perfecto		Pret. Pluscuamperfecto		Futuro Perfecto	
he	estado	había	estado	habré	estado
has	estado	habías	estado	habrás	estado
ha	estado	había	estado	habrá	estado
hemos	estado	habíamos	estado	habremos	estado
habéis	estado	habíais	estado	habréis	estado
han	estado	habían	estado	habrán	estado

SUBJUNTIVO ● ● ● ● ● ● ● ● ● ● ● ● ●

Presente	Pret. Imperfecto		Pret. Perfecto		Pret. Pluscuamperfecto		
esté	estuviera	/estuviese	haya	estado	hubiera	/hubiese	estado
estés	estuvieras	/estuvieses	hayas	estado	hubieras	/hubieses	estado
esté	estuviera	/estuviese	haya	estado	hubiera	/hubiese	estado
estemos	estuviéramos	/estuviésemos	hayamos	estado	hubiéramos	/hubiésemos	estado
estéis	estuvierais	/estuvieseis	hayáis	estado	hubierais	/hubieseis	estado
estén	estuvieran	/estuviesen	hayan	estado	hubieran	/hubiesen	estado

CONDICIONAL ● ● ● ● ● ● ● ● ● ● ● ● ●

Simple	Compuesto	
estaría	habría	estado
estarías	habrías	estado
estaría	habría	estado
estaríamos	habríamos	estado
estaríais	habríais	estado
estarían	habrían	estado

CONJUGACIÓN DEL VERBO HABER

Infinitivo: haber
Gerundio: habiendo
Participio: habido
Imperativo: he, haya, hayamos, hayáis, hayan

INDICATIVO ● ● ● ● ● ● ● ● ● ● ● ●

Presente	Pret. Imperfecto	Pret. Indefinido	Futuro Imperfecto
he	había	hube	habré
has	habías	hubiste	habrás
ha	había	hubo	habrá
hemos	habíamos	hubimos	habremos
habéis	habíais	hubisteis	habréis
han	habían	hubieron	habrán

Pret. Perfecto		Pret. Pluscuamperfecto		Futuro Perfecto	
he	habido	había	habido	habré	habido
has	habido	habías	habido	habrás	habido
ha	habido	había	habido	habrá	habido
hemos	habido	habíamos	habido	habremos	habido
habéis	habido	habíais	habido	habréis	habido
han	habido	habían	habido	habrán	habido

SUBJUNTIVO ● ● ● ● ● ● ● ● ● ● ● ●

Presente	Pret. Imperfecto		Pret. Perfecto		Pret. Pluscuamperfecto		
haya	hubiera	/hubiese	haya	habido	hubiera	/hubiese	habido
hayas	hubieras	/hubieses	hayas	habido	hubieras	/hubieses	habido
haya	hubiera	/hubiese	haya	habido	hubiera	/hubiese	habido
hayamos	hubiéramos	/hubiésemos	hayamos	habido	hubiéramos	/hubiésemos	habido
hayáis	hubierais	/hubieseis	hayáis	habido	hubierais	/hubieseis	habido
hayan	hubieran	/hubiesen	hayan	habido	hubieran	/hubiesen	habido

CONDICIONAL ● ● ● ● ● ● ● ● ● ● ● ●

Simple	Compuesto	
habría	habría	habido
habrías	habrías	habido
habría	habría	habido
habríamos	habríamos	habido
habríais	habríais	habido
habrían	habrían	habido

Regulares

■ ■ ■ ■ ■ ■ ■ ■ ■

CONJUGACIÓN DE un VERBO REGULAR EN -AR: *ESTUDIAR*

Infinitivo: estudiar
Gerundio: estudiando
Participio: estudiado
Imperativo: estudia, estudie, estudiemos, estudiad, estudien.

INDICATIVO ● ● ● ● ● ● ● ● ● ● ● ● ● ●

Presente	Pret. Imperfecto	Pret. Indefinido	Futuro Imperfecto
estudio	estudiaba	estudié	estudiaré
estudias	estudiabas	estudiaste	estudiarás
estudia	estudiaba	estudió	estudiará
estudiamos	estudiábamos	estudiamos	estudiaremos
estudiáis	estudiabais	estudiasteis	estudiaréis
estudian	estudiaban	estudiaron	estudiarán

Pret. Perfecto		Pret. Pluscuamperfecto		Futuro perfecto	
he	estudiado	había	estudiado	habré	estudiado
has	estudiado	habías	estudiado	habrás	estudiado
ha	estudiado	había	estudiado	habrá	estudiado
hemos	estudiado	habíamos	estudiado	habremos	estudiado
habéis	estudiado	habíais	estudiado	habréis	estudiado
han	estudiado	habían	estudiado	habrán	estudiado

SUBJUNTIVO ● ● ● ● ● ● ● ● ● ● ● ●

Presente	Pret. Imperfecto		Pret. Perfecto		Pret. Pluscuamperfecto		
estudie	estudiara	/estudiase	haya	estudiado	hubiera	/hubiese	estudiado
estudies	estudiaras	/estudiases	hayas	estudiado	hubieras	/hubieses	estudiado
estudie	estudiara	/estudiase	haya	estudiado	hubiera	/hubiese	estudiado
estudiemos	estudiáramos	/estudiásemos	hayamos	estudiado	hubiéramos	/hubiésemos	estudiado
estudiéis	estudiarais	/estudiaseis	hayáis	estudiado	hubierais	/hubieseis	estudiado
estudien	estudiaran	/estudiasen	hayan	estudiado	hubieran	/hubiesen	estudiado

CONDICIONAL ● ● ● ● ● ● ● ● ● ● ● ●

Simple	Compuesto	
estudiaría	habría	estudiado
estudiarías	habrías	estudiado
estudiaría	habría	estudiado
estudiaríamos	habríamos	estudiado
estudiaríais	habríais	estudiado
estudiarían	habrían	estudiado

CONJUGACIÓN DE UN VERBO REGULAR EN -ER: *COMER*

Infinitivo: comer
Gerundio: comiendo
Participio: comido
Imperativo: come, coma, comamos, comed, coman.

INDICATIVO ● ● ● ● ● ● ● ● ● ● ● ● ● ●

Presente	Pret. Imperfecto	Pret. Indefinido	Futuro Imperfecto.
como	comía	comí	comeré
comes	comías	comiste	comerás
come	comía	comió	comerá
comemos	comíamos	comimos	comeremos
coméis	comíais	comisteis	comeréis
comen	comían	comieron	comerán

Pret. Perfecto		Pret. Pluscuamperfecto		Futuro Perfecto	
he	comido	había	comido	habré	comido
has	comido	habías	comido	habrás	comido
ha	comido	había	comido	habrá	comido
hemos	comido	habíamos	comido	habremos	comido
habéis	comido	habíais	comido	habréis	comido
han	comido	habían	comido	habrán	comido

SUBJUNTIVO ● ● ● ● ● ● ● ● ● ● ● ●

Presente	Pret. Imperfecto		Pret. Perfecto		Pret. Pluscuamperfecto		
coma	comiera	/comiese	haya	comido	hubiera	/hubiese	comido
comas	comieras	/comieses	hayas	comido	hubieras	/hubieses	comido
coma	comiera	/comiese	haya	comido	hubiera	/hubiese	comido
comamos	comiéramos	/comiésemos	hayamos	comido	hubiéramos	/hubiésemos	comido
comáis	comierais	/comieseis	hayáis	comido	hubierais	/hubieseis	comido
coman	comieran	/comiesen	hayan	comido	hubieran	/hubiesen	comido

CONDICIONAL ● ● ● ● ● ● ● ● ● ● ● ●

Simple	Compuesto	
comería	habría	comido
comerías	habrías	comido
comería	habría	comido
comeríamos	habríamos	comido
comeríais	habríais	comido
comerían	habrían	comido

CONJUGACIÓN DE UN VERBO REGULAR EN -IR: *VIVIR*

Infinitivo: vivir.
Gerundio: viviendo.
Participio: vivido.
Imperativo: vive, viva, vivamos, vivid, vivan.

INDICATIVO ● ● ● ● ● ● ● ● ● ● ● ● ● ● ●

Presente	Pret. Imperfecto	Pret. Indefinido	Futuro Imperfecto.
vivo	vivía	viví	viviré
vives	vivías	viviste	vivirás
vive	vivía	vivió	vivirá
vivimos	vivíamos	vivimos	viviremos
vivís	vivíais	vivisteis	viviréis
viven	vivían	vivieron	vivirán

Pret. Perfecto		Pret. Pluscuamperfecto		Futuro Perfecto	
he	vivido	había	vivido	habré	vivido
has	vivido	habías	vivido	habrás	vivido
ha	vivido	había	vivido	habrá	vivido
hemos	vivido	habíamos	vivido	habremos	vivido
habéis	vivido	habíais	vivido	habréis	vivido
han	vivido	habían	vivido	habrán	vivido

SUBJUNTIVO ● ● ● ● ● ● ● ● ● ● ● ●

Presente	Pret. Imperfecto		Pret. Perfecto		Pret. Pluscuamperfecto		
viva	viviera	/viviese	haya	vivido	hubiera	/hubiese	vivido
vivas	vivieras	/vivieses	hayas	vivido	hubieras	/hubieses	vivido
viva	viviera	/viviese	haya	vivido	hubiera	/hubiese	vivido
vivamos	viviéramos	/viviésemos	hayamos	vivido	hubiéramos	/hubiésemos	vivido
viváis	vivierais	/vivieseis	hayáis	vivido	hubierais	/hubieseis	vivido
vivan	vivieran	/viviesen	hayan	vivido	hubieran	/hubiesen	vivido

CONDICIONAL ● ● ● ● ● ● ● ● ● ● ● ● ●

Simple	Compuesto	
viviría	habría	vivido
vivirías	habrías	vivido
viviría	habría	vivido
viviríamos	habríamos	vivido
viviriais	habríais	vivido
vivirían	habrían	vivido

Irregulares

	Presente	Imperfecto	Indefinido	Subjuntivo	Participio	Futuro
Caber	quepo		cupe	quepa		cabré
Caer	caigo		cayó (3ª per.)	caiga		
Conducir	conduzco		conduje	conduzca		
Dar	doy		di			
Decir	digo		dije	diga	dicho	diré
Estar	estoy		estuve			
Haber	hay		hubo	haya		habrá
Hacer	hago		hice	haga	hecho	haré
Ir	voy	iba	fui	vaya		
Poder	puedo		pude	pueda		podré
Poner	pongo		puse	ponga	puesto	pondré
Saber	sé		supe	sepa		sabré
Salir	salgo			salga		saldré
Ser	soy	era	fui	sea		
Tener	tengo		tuve	tenga	tendré	
Traer	traigo		traje	traiga		
Venir	vengo		vine	venga		vendré
Volver	vuelvo			vuelva	vuelto	

Glosario

E

	UNIDAD		UNIDAD		UNIDAD
ese	3	estanque, el	16	examen, el	6
esencial	23	estantería, la	4	examinar	27
español	1	estar	4	exceso, el	14
especialidad, la	8	este	3	excluir	17
espectador, el	20	este, el	16	excursión, la	8
espejo, el	10	estilo, el	17	exigir	23
esperar	7	estómago, el	8	éxito, el	7
espeso	17	estropeado, el	10	experiencia, la	23
esquiar	15	estudiar	7	explicar	7
esquina, la	7	estudio, el	10	explosión, la	19
estación, la	3	estudios, los	7	exportar	7
estación del año, la	6	estupendamente	19	exposición, la	11
estadio, el	12	estupendo	13	éxtasis, el	3
estado, el	4	exactamente	22	extranjero	5
estancia, la	14	exagerar	18	extraño	5

F

fábrica, la	3	fila, la	13	frase, la	8
fácil	13	filial, la	23	fregar	7
factura, la	23	final, el	4	frente a	21
facturar	14	fin de semana, el	9	fresa, la	6
facultad, la	23	firmar	7	fresco	17
falda, la	5	físico	4	frigorífico, el	15
falso	19	flamenco, el	13	frío, el	6
falta, la	9	flor, la	5	fruta, la	8
familia, la	5	florecer	14	fuego, el	21
famoso	17	folklore, el	13	fuente, la	17
febrero	6	fondo, el	21	fuera de	4
fecha, la	17	forma, la	19	fuerte	5
feliz	14	formar parte	16	fumar	7
felizmente	22	fotografía, la	3	funcionar	15
fiebre, la	14	francés	2	fútbol, el	9
fiesta, la	4	Francia	2	futbolista, el	14
Fiesta Nacional, la	6	franco, el	6	futuro, el	23

G

gabardina, la	5	gobernar	7	gris	5
gafas, las	5	golondrina, la	7	gritar	23
gallo, el	Alf. Esp.	gordo	2	grúa, la	17
ganar	18	gota, la	Alf. Esp.	grupo, el	20
ganas, las	13	gótico	3	guante, el	5
garaje, el	4	gracias	4	guapo	9
garganta, la	12	gramática, la	7	guerra, la	15
gasolina, la	10	gran	20	guía, el, la	20
gastar	13	grande	2	guiñol, el	11
gato, el	4	granja, la	17	güisqui, el	2
gente, la	5	grasa, la	12	guitarra, la	10
Geografía, la	10	grave	12	gustar	9
gimnasia, la	17	Grecia	2	gusto, el	1
gitano, el	13	griego	2	gutural	Alf. Esp.

H

haber	5	hacer buen/mal tiempo	6	hacer noche	17
habitación, la	3	hacer calor	6	hacer sol	6
hablar	7	hacer caso	21	hacer viento	6
hacer	4	hacer frío	6	hacia	12

	UNIDAD		UNIDAD		UNIDAD
nadie	11	nieto, el	5	noticia, la	7
naranja, la	6	nieve, la	6	novecientos	6
natal	17	ningún	11	novela, la	15
Navidad, la	19	ninguno	11	noveno	13
necesario	23	niñez, la	15	noventa	4
necesitar	7	niño, el	2	noviembre	6
negar	7	nivel, el	7	novio, el	5
negro	5	no	1	nube, la	6
nervio, el	21	noche, la	6	nublado	6
nervioso	4	norte, el	6	nublarse	20
nevar	6	Norteamérica	2	nuestro	2
nevera, la	11	norteamericano	2	nueve	1
ni	22	Noruega	2	nuevo	4
Nicaragua	2	noruego	2	Nuevo Año, el	23
nicaragüense	2	nosotros	1	número, el	5
niebla, la	6	nota, la	19	numeroso	20
niega	3	notable	11	nunca	11

O

	UNIDAD		UNIDAD		UNIDAD
obedecer	10	ocho	1	ópera, la	Alf. Esp.
objeto, el	19	ochocientos	6	oposición, la	19
obligación, la	23	oeste, el	16	ordenado	4
obligar	23	oferta, la	13	ordenar	23
obra, la	11	oficial	21	órden, la	17
obrero, el	16	oficina, la	3	oriental	16
ocasión, la	23	ofrecer	10	origen, el	4
octavo	13	oír	9	orilla, la	21
octubre	6	¡ojalá!	23	oro, el	19
ocupado	4	ojo, el	8	orquesta, la	15
ocupar (se)	21	oler	8	oscuro	19
ocurrir	16	olor, el	8	otoño, el	6
ochenta	4	once	1	otro	17

P

	UNIDAD		UNIDAD		UNIDAD
paciencia, la	12	pariente, el	22	pegarse un susto	16
padre, el	5	paro, el	16	peinar (se)	9
paella, la	8	parque, el	5	película, la	6
pagar	14	parte, la	16	peligro, el	9
pago, el	22	particular	21	peligroso	17
paisaje, el	17	partido, el	7	pelo, el	9
país, el	5	partir	9	pelota, la	18
pájaro, el	15	pasado mañana	6	peluquería, la	12
palabra, la	7	pasajero, el	14	peluquero, el	1
palacio, el	17	pasaporte, el	14	pena, la	21
pan, el	11	pasar	10	pensar	7
panorama, el	17	pasarlo bien/mal	15	pensión, la	5
pantalón, el	5	pasear	7	peor	Alf. Esp.
panteón, el	17	paseo, el	15	pequeño	2
paquete, el	9	pasillo, el	4	pera, la	6
para	5	paso de cebra, el	7	perchero, el	13
parada, la	4	pastel, el	6	perder	8
parador, el	17	pastilla, la	12	perdonar	13
paraguas, el	5	pata, la	Alf. Esp.	perfección, la	22
paralizar	11	patata, la	6	perfume, el	16
parcela, la	21	pausa, la	7	periódico, el	4
parecer	11	paz, la	Alf. Esp.	periodista, el, la	17
pared, la	7	pedir	9	perla, la	19

	UNIDAD		UNIDAD		UNIDAD
realidad, la	22	reparar	14	rico	3
rebajado	13	repasar	7	rincón, el	8
recetar	12	repetir	9	río, el	12
recibir	9	representar	15	robar	19
recital, el	20	reserva, la	22	robo, el	19
recoger	14	reservar	11	rocoso	15
recomendar	8	resfriado, el	4	rodear	17
recordar	7	resolver	17	rogar	7
recuerdo, el	15	respirar	12	rojo	5
redondo	4	responder	22	románico	3
reducir	17	restaurante, el	5	romano	17
regalar	8	resultado, el	21	romper	18
regalo, el	8	resumen, el	Alf. Esp.	ropa, la	8
regar	21	retirado	18	rosa, la	9
región, la	19	retrasar	22	roto	3
regresar	14	retraso, el	16	rubio	2
reír (se)	9	reunir (se)	18	rublo, el	6
relajarse	12	revisar	14	ruido, el	11
reloj, el	4	revista, la	7	ruidoso	23
rellenar	18	revolver	19	Rusia	2
renovar	19	revuelto	19	ruso	2
renunciar	11	rey, el	17	ruta	7

S

	UNIDAD		UNIDAD		UNIDAD
sábado, el	6	séptimo	13	solicitud, la	17
saber	8	sequedad, la	15	solista, el, la	20
sabor, el	13	ser	1	solo	5
sacar	12	serio	19	soltero	5
salado	6	ser puntual	14	solucionar	11
sala, la	5	servicios, los	4	solución, la	11
salida, la	13	servir	9	sombrero, el	5
salir	9	sesenta	3	sonar	7
salón-comedor, el	4	setecientos	6	soñado, el	17
saludar	7	setenta	4	sopa, la	7
salud, la	21	sexto	13	soprano, el, la	14
salvar (se)	23	si	12	sordo	23
sangría, la	20	siempre	6	sordomudo	23
secar (se)	9	sierra, la	16	su	5
seco	6	siesta, la	9	suave	6
secretaria, la	1	siete	1	subir	9
sed, la	13	siglo, el	3	suceder	19
seguir	12	siguiente	17	sucio	4
según	17	sílaba, la	Alf. Esp.	sucursal, la	22
segundo	8	silencio, el	20	Sudamérica	2
segundo, el	6	silla, la	4	sudamericano	2
seguramente	19	sillón, el	4	Suecia	2
seguridad, la	16	simpático	2	sueco	2
seguro	14	sinceramente	18	suegro, el	5
seguro, el	19	sinfonía, la	17	sueldo, el	22
seis	1	sitio, el	11	suelo, el	4
seiscientos	6	situación, la	4	sueño, el	20
seleccionar	20	situar	17	suerte, la	9
semana, la	6	sobre	4	sufrir	18
sentar (se)	7	sobresaliente, el	19	Suiza	2
sentir	9	sobrino, el	5	suizo	2
señal, la	16	sociedad, la	23	suplicar	23
señora, la	3	sofá, el	13	suponer	19
señor, el	3	solamente	16	sur, el	4
señorita, la	3	soldado, el	8	suspender	18
separado	5	sol, el	6	susto, el	16
septiembre	6	solicitar	23	suyo	10

	UNIDAD		UNIDAD		UNIDAD
verdad, la	9	viejo	4	visitar	7
verde	5	viento, el	6	vista, la	22
vestíbulo, el	4	viernes, el	6	viudo	5
vestido, el	11	Vietnam	4	vivienda, la	19
vestir (se)	9	vietnamita	4	vivir	9
viajar	14	vigilar	19	volar	7
viaje, el	11	vino, el	2	volver	8
vida, la	12	visita, la	11	vosotros	1

Y

	UNIDAD		UNIDAD		UNIDAD
y	1	yerno, el	5	Yugoslavia	2
ya	10	yo	1	yugoslavo	2

Z

	UNIDAD		UNIDAD		UNIDAD
zapatería	12	zapato, el	4	zueco, el	12
zapatilla, la	12	zorro, el	8	zurcir	8